二十一世纪普通高等教育人才培养“十三五”系列教材

成本会计应用能力训练

Chengben Kuaiji Yingyong Nengli Xunlian

主 编 朱晓凤

西南财经大学出版社
中国 · 成都

图书在版编目(CIP)数据

成本会计应用能力训练/ 朱晓凤主编 .—成都:西南财经大学出版社,
2021.8
ISBN 978-7-5504-4852-0

Ⅰ.①成… Ⅱ.①朱… Ⅲ.①成本会计—教材 Ⅳ.①F234.2

中国版本图书馆 CIP 数据核字(2021)第 078331 号

成本会计应用能力训练

主　编　朱晓凤

策划编辑:李特军　李晓嵩
责任编辑:李特军
封面设计:张姗姗
责任印制:朱曼丽

出版发行	西南财经大学出版社(四川省成都市光华村街 55 号)
网　　址	http://cbs.swufe.edu.cn
电子邮件	bookcj@swufe.edu.cn
邮政编码	610074
电　　话	028-87353785
照　　排	四川胜翔数码印务设计有限公司
印　　刷	成都市火炬印务有限公司
成品尺寸	185mm×260mm
印　　张	6.25
字　　数	139 千字
版　　次	2021 年 8 月第 1 版
印　　次	2021 年 8 月第 1 次印刷
印　　数	1— 3000 册
书　　号	ISBN 978-7-5504-4852-0
定　　价	30.00 元

会计应用能力训练系列教材

编审委员会

序

2015年，教育部发布《关于引导部分地方普通本科高校向应用型转变的指导意见》（教发〔2015〕7号）。自此，我国高校教育工作者对如何办好应用型本科教育进行了不懈的探索。从宏观层面看，他们对应用型本科办学定位、办学指导思想和办学理念等方面进行了理论研究和实践探索；从中观层面看，他们对应用型本科的人才培养理念、人才培养目标定位、人才培养模式、人才培养规格、人才培养方案设计、产学研合作等进行了研究与实践；从微观层面看，他们对应用型本科专业教学模式、课程设计、教学方法、教材开发、实践教学等进行了创新研究与实践。这些研究与实践，在一定程度上统一了教师教育教学思想，有效推进了应用型本科高校教育教学改革、办学成果的形成和办学特色的培育。

目前，在应用型本科教育教学中，还存在不少需要深入研究与不断实践解决的问题，如①实践教学仍然落实不到位、效果不佳的问题，教师教学理念有待进一步更新。不少教师虽然口头上重视实践教学，但由于其所受教育以理论教学及其研究为主，于是自觉不自觉地以理论教学为重，将实践教学当作理论教学的补充和附属，其结果是学校实践教学的内容大多是对理论知识的验证，并非培养学生应用能力的技术训练，导致实践教学的效果不佳。②不少教师尤其是青年教师自身专业实践能力不足的问题。高校在学位上要求教师具有硕士学位、博士学位，不少青年教师从学校到学校，缺少行业企业实践经历。③人才培养方案中的实践教学课程体系构建问题。有的专业课程体系是以学科为逻辑起点构建的，对人才培养的理论课程体系与实践课程体系缺乏必要的研究，有的专业对必要的理论课程重视不够。在这种情况下，实践教学即使得到了重视，效果也可能仍然不好，培养出来的学生虽然能够较快地适应一般的岗位工作，但后劲不足，难以得到较快的成长。④学科专业校内实践教学平台构建问题、理实一体化课程中实践教学效果问题、产学研合作平台构建与作用发挥问题等。

由此看来，应用型本科教育应构建适应应用型本科教育的、而且有别于传统本科教育的理论教学课程体系和实践教学课程体系，其中实践教学课程体系的构建尤为重要。这不仅需要从事应用型本科教育的教师进行系统的研究和实践，还需要行业企业的实际工作者积极参与，由教育专家和行业专家共同完成这一体系的构建。

在应用型本科教育领域，有一批教师在坚持不懈地进行实践课程教学的研究与实践，并取得了一定的研究与实践成果。广州商学院会计学院的老师们积极投入这一研究与实践中，他们结合会计教学实践，基于应用型本科教育特点，根据高素质应用型人才培养目标的需要，开发了这套会计应用能力训练系列教材。这套教材由《基础会计应用能力训练》《财务会计应用能力训练》《成本会计应用能力训练》《会计电算化应用能力训练》《纳税申报应用能力训练》《会计综合应用能力训练》《会计顶岗实操》等组成，形成了会计应用能力训练三级递进的教材体系。这一系列教材的出版发行和在教学中的运用，实现了在会计应用人才的培养上，从入校到毕业的全程培养，从低级到高级的系统培养，从专项到实战的科学培养，有助于培养高素质应用型会计人才。

会计应用能力训练系列教材编审委员会

2020 年 10 月 18 日

前言

面对激烈的市场竞争，企业成本会计信息的准确提供在企业经营活动中的作用越来越重要。为了帮助应用型本科会计专业的学生更好地理解和掌握成本会计课程内容、成本核算方法，提高学生专业会计理论水平和操作能力，培养能满足会计岗位一线需要的全面发展的高等技术应用型专门人才，更好地贯彻工作过程导向与教、学、做一体化的教育理念，我们根据应用型本科会计专业人才培养方案和成本会计课程教学目标的基本要求，通过到企业调研，突出能力本位，以必需、够用为度编写了本教材。

在编写过程中，我们充分考虑了应用型本科成本会计教学的目的和要求，结合会计准则和会计制度的要求，以工业企业成本会计工作过程为主线，将成本会计实训的教学活动分解设计为九个项目，并按照项目导向、任务驱动的架构组织实训，以实际操作为核心，重点培养学生独立进行成本核算的能力。其中项目一到项目五是对成本核算过程的分解练习，模拟一个企业的日常业务，对成本核算各环节进行模拟实训，各项任务既相互独立，又前后关联，锻炼学生对成本核算的系统把握能力。项目六到项目九是成本核算基本方法的综合实训。

在各个环节的实训部分，我们打破常规，不再单一地就成本核算提供成本核算数据，而是充分模拟工业企业的运作模式，结合工业企业发生的日常经济业务活动，提供了大量的原始单据，涉及各种费用，给学生留下更多的思考空间，让学生更好地融入工业企业的情境中，结合所学专业知识，综合地运用成本核算方法，对成本核算资料进行筛选、归集，最终进行正确的成本核算，让学生在做中学、学中做，大大提升成本会计实训的效果。

本教材在编写过程中得到了有关企业高管及专家学者的指导，在此我们表示衷心的感谢！同时，教材案例中所有的企业名称、企业资料、单据数据和各种印章都是虚构的，仅供实训案例使用，如有雷同，纯属巧合。

限于编者的水平，加之时间仓促，书中不完善及错漏之处难免，敬请广大读者和会计界同仁批评指正。

编者

2021 年 7 月

目录

第一部分　单项实训

项目一　要素费用的归集与分配

本项目的实训重点为要素费用的归集和分配，包括材料费用的归集和分配、动力费用的归集和分配、工资费用的归集和分配、折旧费用等的归集和分配。通过本项目的实训，学生应熟练掌握各费用归集和分配的基本技能和主要方法，并做出正确的账务处理。

任务一　材料费用的归集与分配

【实训内容】训练材料费用的正确归集和分配方法。

【实训目的】通过实训，学生应掌握材料费用会计处理的基本原理和一般程序，掌握材料费用归集与分配的基本技能及主要方法。

【实训要求】

1. 根据实训资料发生的经济业务（见图 1-1、图 1-2、图 1-3、图 1-4、图 1-6、图 1-7、图 1-8、图 1-9、图 1-10、图 1-11、图 1-12）分配材料采购费用，计算材料采购成本，填制采购费用分配表（见表 1-2、表 1-3）和收料单（见图 1-5、图 1-13）。

2. 根据实训资料发生的经济业务（见图 1-14、图 1-15、图 1-16、图 1-17、图 1-18）按照先进先出法计算发出材料和低值易耗品的成本，填制发出材料汇总表（见表 1-4）。

3. 根据材料定额消耗量（见表 1-5），分配材料费用，编制发出材料费用分配表（见表 1-6）。

4. 根据发出材料费用分配表（见表 1-6）编制记账凭证（见图 1-19）。

【实训资料】

1. 东莞兴盛有限公司为一般纳税生产企业，下设一个基本生产车间生产甲、乙两种产品，以及锅炉和机修两个辅助生产车间。该企业对材料采购费用按照采购材料数量进行分配，发出材料采用先进先出法按照实际成本进行核算，低值易耗品（各种管理用具及保护用品等）采用一次摊销法进行核算；按照产品的材料定额消耗量分配共同材料费用，分配率保留四位小数，金额保留两位小数。

2. 东莞兴盛有限公司 2020 年 12 月期初材料结存表见表 1-1：

表 1-1　12 月期初存货结存表　　　　单位：元

材料编号	材料名称及规格	计量单位	数量	单价	金额
1001	A 材料	千克	18 000	20	360 000
1002	B 材料	千克	10 000	60	600 000
1003	C 材料	千克	5 000	18	90 000
2001	D 管理工具	把	500	16	8 000
2002	E 保护用品	套	400	20	8 000

3. 该公司 2020 年 12 月发生的经济业务如下：

广东省增值税专用发票

开票日期：2020 年 12 月 1 日　　　　No. 0018011

发　票　联

购货单位	名　　称：东莞兴盛有限公司 纳税人识别号：465280104013184 地 址、电 话：建设路 21 号 0769-82866126 开户行及账号：谢岗支行 4700022609003636668	密码区	4<0/0*31*6<2+7703 加密版本号：01 /1-1-09881019>990/0+8 6845/3<0211+-+0191312 440004314 4<0676->>2-23/186>>-1　0018011

货物及应税劳务名称	规格型号	单位	数量	单价	金额	税率	税额
A 材料		千克	1 000	21	21 000	17%	3 570
B 材料		千克	2 000	61	122 000	17%	20 740
C 材料		千克	3 000	20	60 000	17%	10 200
合　计					203 000		34 510
价税合计（大写）	贰拾叁万柒仟伍佰壹拾元整　（小写）¥237510.00						

销货单位	名　　称：哈尔滨市光明建材厂 纳税人识别号：359291040021388 地 址、电 话：哈尔滨市天河 27 号 0451-54566788 开户行及账号：工行天河支行　0776024001469	备注	哈尔滨市光明建材厂 发票专用章 税号：359291040021388

收款人：　　复核：　　开票人：　　销货单位（章）：

第二联　发票联　购货方记账凭证

图 1-1　原始凭证 1

中国工商银行转账支票存根

支票号码：01187365

附加信息：

出票日期：2020 年 12 月 1 日

收款人：哈尔滨市光明建材厂
金额：￥237 510.00
用途：付购货款

单位主管：李刚　　会计：李华

图 1-2　原始凭证 2

铁路运费收据

2020 年 12 月 2 日

收货单位	东莞兴盛有限公司		办理种类	
发　站	哈尔滨站		到站	东莞
货物名称	件数	包装	重量（千克）	计费重量
A 材料			1 000	
B 材料			2 000	
C 材料			3 000	
类别	费率	数量	金额	附记
运费			50 000.00	
装车费			4 000.00	
合计人民币（大写）：伍万肆仟元整			54 000.00	
收款单位：		铁路局（章）：		经办人：

XX铁路局 发票专用章 税号：359291040021388

备注：此笔运费无抵扣额。

图 1-3　原始凭证 3

中国工商银行转账支票存根
支票号码：01187685
附加信息：
出票日期：2020 年 12 月 2 日
收款人：哈尔滨市光明建材厂
金额：￥237 510. 00
用途：付购货款
单位主管：李刚　　会计：李华

图 1-4　原始凭证 4

表 1-2　材料运杂费分摊表

材料编号	材料名称及规格	分配标准（千克）	分配率	应分配金额
合计				

审核：　　　　　　　　　　　　　　制表：

收料单

供货单位哈尔滨市光明建材厂　　　　2020 年 12 月 2 日

材料科目　原材料

材料类别　主要材料　　　　　　　　　　　　　　　凭证编号：001

材料编号	名称	规格	计量单位	数量		实际成本					
				应收	实收	买价		运杂费	其他	合计	单位成本
						单价	金额				

采购员　　　　　　检验员　　　　　　记账员　　　　　　保管员

图 1-5　收料单

领料单

领用单位：基本生产车间　　　　2020 年 12 月 2 日

发料仓库：1 号　　　　　　　　　　　　　　　　　　凭证编号：01001

材料编号	材料名称及规格	计量单位	数量		单价	金 额	用途
			请领	实发			
1001	A 材料	千克	10 000	10 000			生产甲产品
1002	B 材料	千克	3 000	3 000			共同生产使用
1003	C 材料	千克	2 000	2 000			生产乙产品
合计							
备注						附单据　　张	

领料人：　　　　　　　　发料人：　　　　　　　　领料部门负责人：

图 1-6　原始凭证 5

低值易耗品领用单

领用单位：基本生产车间　　　　2020 年 12 月 2 日

发料仓库：2 号　　　　　　　　　　　　　　　　　　凭证编号：02001

材料编号	材料名称及规格	计量单位	数量		单价	金额	用途
			请领	实发			
2001	D 管理工具	把	50	50			车间修理
2002	E 保护用品	套	150	150			车间消耗
合计							
备注						附单据　　张	

领料人：　　　　　　　　发料人：　　　　　　　　领料部门负责人：

图 1-7　原始凭证 6

低值易耗品领用单

领用单位：锅炉车间　　　　2020 年 12 月 3 日

发料仓库：2 号　　　　　　　　　　　　　　　　　　凭证编号：02002

材料编号	材料名称及规格	计量单位	数量		单价	金额	用途
			请领	实发			
2001	D 管理工具	把	20	20			车间修理
2002	E 保护用品	套	50	50			车间消耗
合计							
备注						附单据　　张	

领料人：　　　　　　　　发料人：　　　　　　　　领料部门负责人：

图 1-8　原始凭证 7

领料单

领用单位：机修车间　　　　2020 年 12 月 5 日

发料仓库：1 号　　　　凭证编号：01002

材料编号	材料名称及规格	计量单位	数量		单价	金额	用途
			请领	实发			
1003	C 材料	千克	500	500			车间消耗
合计							
备注						附单据　　张	

领料人　　　　发料人：　　　　领料部门负责人：

图 1-9　原始凭证 8

广东省增值税专用发票

开票日期：2020 年 12 月 6 日　　　　No. 0018258

购货单位	名　　称：东莞兴盛有限公司 纳税人识别号：465280104013184 地 址、电 话：建设路 21 号 0769-82866126 开户行及账号：谢岗支行 4700022609003636668	密码区	4<0/0*31*6<2+7703+6 加密版本号：01 /1-1-09881019>990/0+8 6845/3<0211+-+0191312　440004316 4<0676->>2-23/186>>-1　0018866

货物及应税劳务名称	规格型号	单位	数量	单价	金额	税率	税额
A 材料		千克	2 000	21	42 000	17%	7 140
B 材料		千克	2 000	60	120 000	17%	20 400
C 材料		千克	3 000	20	60 000	17%	10 200
合　计					222 000		37 740
价税合计（大写）	贰拾伍万玖仟柒佰肆拾元整　　（小写）¥259 740.00						

销货单位	名　　称：广州市星海工厂 纳税人识别号：465280104023489 地 址、电 话：建国路 06 号 020-4569328 开户行及账号：农行建支　0656022001325	备注	

收款人：　　　　复核：　　　　开票人：　　　　销货单位（章）：

第二联 发票联 购货方记账凭证

图 1-10　原始凭证 9

货物运输业增值税专用发票

开票日期：2020年12月6日　　　　No. 0029378

全国统一发票监制章 广东 发票联 国家税务总局监制

承运人及纳税人识别号	广州市顺达运输公司 465280104013184	密码区	4<0/0*31*6<2+7703+6 加密版本号：01 /1-1-09881019>990/0+8 6845/3<0211+-+0191312　440004316 4<0676->>2-23/186>>-1　0029378
实际受票方及纳税人识别号	东莞兴盛有限公司 465280104013184		
收货人及纳税人识别号	东莞兴盛有限公司 465280104013184	发货人及纳税人识别号	广州市星海工厂 465280104023489
起始地、经由、到达地	广州-东莞		
费用项目及金额	费用项目　金额 运输　21 000.00	运输货物信息	
合计金额	¥21 000.00	税率 11%　税额 ¥2 310.00	机器编号 589900467
价税合计（大写）	贰万叁仟叁佰壹拾元整	（小写）¥23 310.00	
车种车号	运输车	车船吨位 5t	
主管税务机关及代码	XX市国家税务局 12345678	备注	广州市顺达运输公司 发票专用章 税号：465280104065267

收款人：　　复核：　　开票人：　　承运人（章）：

第二联 发票联 购货方记账凭证

图1-11　原始凭证10

中国工商银行转账支票存根

支票号码：01187826

附加信息：

出票日期：2020年12月6日

收款人：哈尔滨市光明建材厂
金额：¥237 510.00
用途：付购货款

单位主管：李刚　　会计：李华

图1-12　原始凭证11

表 1-3　材料运杂费分摊表

材料编号	材料名称及规格	分配标准（千克）	分配率	应分配金额
合计				

审核：　　　　　　　　　　　　制表：

收料单

材料科目：原材料　　　　　　　　　　　　编号：002

材料类别：　　　　　　　　　　　　　　　收料仓库：

供应单位：　　　　2020 年 12 月 6 日　　　　发票号码：

材料编号	材料名称	规格	计量单位	数量		实际成本				
				应收	实收	实价		运费	合计	单位成本
						单价	发票金额			
备注										

采购员：　　　　检验员：　　　　记账员：　　　　保管员：

图 1-13　收料单

低值易耗品领用单

领用单位：机修车间　　　　2020 年 12 月 6 日

发料仓库：2 号　　　　　　　　　　　　凭证编号：02003

材料编号	材料名称及规格	计量单位	数量		单价	金额	用途
			请领	实发			
2002	E 保护用品	套	20	20			车间消耗
合计							
备注						附单据　　张	

领料人：　　　　发料人：　　　　领料部门负责人：

图 1-14　原始凭证 12

领料单

领用单位：生产车间　　　　2020 年 12 月 8 日

发料仓库：1 号　　　　　　　　　　　　凭证编号：01003

材料编号	材料名称及规格	计量单位	数量		单 价	金 额	用途
			请领	实发			
1001	A 材料	千克	4 000	4 000			共同生产使用
1002	B 材料	千克	3 000	3 000			生产乙产品
合计							
备注						附单据　　张	

领料人：　　　　发料人：　　　　领料部门负责人：

图 1-15　原始凭证 13

领料单

领用单位：生产车间　　　　　　2020 年 12 月 12 日

发料仓库：1 号　　　　　　　　　　　　　　　　　　凭证编号：01004

材料编号	材料名称及规格	计量单位	数量		单价	金额	用途
			请领	实发			
1003	C 材料	千克	4 000	4 000			生产乙产品
合计							
备注						附单据　　张	

领料人：　　　　　　　　　发料人：　　　　　　　　　领料部门负责人：

图 1-16　原始凭证 14

低值易耗品领用单

领用单位：管理部门　　　　　　2020 年 12 月 14 日

发料仓库：2 号　　　　　　　　　　　　　　　　　　凭证编号：02004

材料编号	材料名称及规格	计量单位	数量		单 价	金额	用途
			请领	实发			
2002	E 保护用品	套	40	40			部门消耗
合计							
备注						附单据　　张	

领料人：　　　　　　　　　发料人：　　　　　　　　　领料部门负责人：

图 1-17　原始凭证 15

领料单

领用单位：生产车间　　　　　　2020 年 12 月 18 日

发料仓库：1 号　　　　　　　　　　　　　　　　　　凭证编号：01005

材料编号	材料名称及规格	计量单位	数量		单价	金额	用途
			请领	实发			
1002	B 材料	千克	200	200			维修
1003	C 材料	千克	50	50			维修
合计							
备注						附单据　　张	

领料人：　　　　　　　　　发料人：　　　　　　　　　领料部门负责人：

图 1-18　原始凭证 16

表 1-4　发出材料费用汇总表

2020 年 12 月　　单位：元

领料部门		原材料				低值易耗品			合计
		A 材料	B 材料	C 材料	小 计	D 管理工具	E 保护用品	小 计	
	甲产品								
基本生产车间	乙产品								
	甲、乙产品共同耗用								
	车间一般耗用								
辅助生产车间	机修车间								
	锅炉车间								
管理部门									
合计									

生产甲、乙两种产品共同耗用的材料费用按照产品的材料定额消耗量分配：

表 1-5　单位产品材料消耗定额表

产 品	产量（件）	单位产品消耗定额	定额消耗量
甲产品	2 500	2. 4	
乙产品	2 000	2	

表 1-6　发出材料费用分配表

2020 年 12 月　　单位：元

会计科目		间接计入			直接计入	合计
		定额消耗量	分配率	分配金额		
基本生产成本	甲产品					
	乙产品					
	小计					—
辅助生产成本	锅炉车间					
	机修车间					
制造费用	基本生产车间					
管理费用						
合计						

制表：　　　　审核：

记账凭证

年　月　日　　　　　　　　　　字第　号

摘要	总账科目	明细科目	借方金额	贷方金额	记账
附件　张	合计				

会计主管：　　　记账：　　　出纳：　　　审核：　　　制单：

图 1-19　记账凭证

【知识链接】

知识点一　材料费用的归集与分配（见图 1-20）

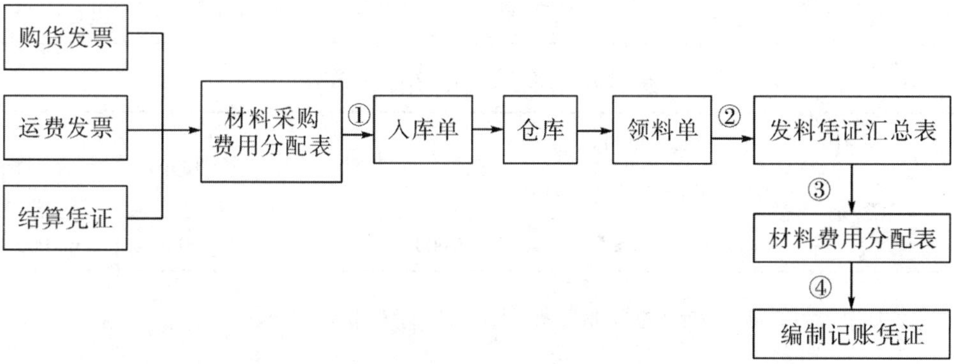

图 1-20　材料费用的归集与分配流程图

①根据购货发票等原始凭证分配材料采购费用，计算材料采购成本。

②根据领料单编制发料凭证汇总表。

③根据发料汇总表，对共同耗用材料进行分配，编制材料费用分配表。

④根据材料费用分配表编制记账凭证。

知识点二　材料费用的分配方法——定额消耗量法

某种材料的定额消耗量=该种产品实际产量×单位产品材料消耗定额

$$材料消耗量分配率=\frac{材料实际总消耗量}{各种产品材料定额总消耗量之和}$$

某种产品应分配的材料费用=该种产品材料定额消耗量×材料消耗量分配率×材料单价

任务二　外购动力费用的归集与分配

【实训内容】训练动力费用的正确归集和分配方法。

【实训目的】通过实训，学生应掌握外购动力费用会计处理的基本原理和一般程序，掌握动力费用归集与分配的基本技能及主要方法。

【实训要求】

1. 根据有关资料计算填列“外购动力费用分配表”（见表1-9）（分配率保留4位小数）。

2. 根据外购动力费用分配表填制记账凭证（见图1-23）。

【实训资料】

1. 东莞兴盛有限公司采用按生产工时对外购动力费用进行分配，基本生产成本未开设“直接燃料及动力”成本项目，发生的动力费计入“制造费用”成本项目。本月耗用电力统计及有关资料见表1-7、表1-8：

表1-7　生产工时时数统计表

产品名称	甲产品	乙产品	合 计
生产工时时数（小时）	6 000	4 000	10 000

表1-8　各部门耗用电力度数统计表

<table>
<tr><td rowspan="2">部门</td><td colspan="3">基本生产车间</td><td rowspan="2">锅炉车间</td><td rowspan="2">机修车间</td><td rowspan="2">管理部门</td><td rowspan="2">合 计</td></tr>
<tr><td>甲产品</td><td>乙产品</td><td>车间耗用</td></tr>
<tr><td>度数（度）</td><td colspan="2">43 000</td><td>2 000</td><td>8 000</td><td>5 000</td><td>2 000</td><td>60 000</td></tr>
</table>

2. 2020年12月发生的经济业务如图1-21、图1-22所示：

广东省增值税专用发票

开票日期：2020年12月1日　　　　No. 0019255

发　票　联

购货单位	名　　称：东莞兴盛有限公司 纳税人识别号：465280104013184 地 址、电 话：建设路21号 0769-82866126 开户行及账号：谢岗支行 4700022609003636668	密码区	4<0/0*19*6<2+9255 加密版本号：01 /1-1-25781019>990/0+9 6845/3<0211+-+0194573 440009255 4<0676->>2-23/186>>-1　0015367

货物及应税劳务名称	规格型号	单位	数量	单价	金额	税率	税额
电费		KWH	60 000	1.2	72 000.00	17%	12 240.00
合　计					72 000.00		12 240.00
价税合计（大写）	捌万肆仟贰佰肆拾元整			（小写）¥84 240.00			

销货单位	名　　称：广东省电力公司东莞供电公司 纳税人识别号：359291040026985 地 址、电 话：东莞市建设路21号 0769-82866126 开户行及账号：谢岗支行 4700280104285248658	备注	广东省电力公司东莞供电公司 发票专用章 税号：359291040026985

收款人：　　复核：　　开票人：　　销货单位（章）：

第二联 发票联 购货方记账凭证

图1-21　原始凭证1

广东省电力公司特约委托收款凭证（付款通知）

委托日期 2020年12月31日　　　　委托号码：0212789

付款人	全称	东莞兴盛有限公司			收款人	全称	广东省电力公司东莞供电公司		
	账号	4700022609003636668				账号	4700280104285248658		
	地址	东莞市	开户行	工商银行谢岗支行		地址	东莞	开户行	工行樟木头支行

金额	千	百	十	万	千	百	十	元	角	分
人民币（大写）捌万肆仟贰佰肆拾元整			¥	8	4	2	4	0	0	0

款项内容	金额	款项内容	金额	付款人注意
电费	84 240.00			1、上述款项已全部划给收款人。 2、该款项不得拒付，如需拒付，应按有关规定，有付款人与收款人自行联系解决。

中国工商银行股份有限公司 东莞谢岗支行 2020.12.31 转讫

广东省电力公司东莞供电公司 结算专用章

图1-22　原始凭证2

表 1-9　外购动力费用分配表

2020 年 12 月　　　　单位：元

借方科目		成本费用项目	直接计入	分配计入			合计
				生产工时	分配率	分配金额	
基本生产成本	甲产品	制造费用					
	乙产品	制造费用					
	小计						—
辅助生产成本	锅炉车间	电费					
	机修车间	电费					
制造费用		电费					
管理费用		电费					
合计							

制表：　　　　审核：

记账凭证

年　月　日　　　　字第　号

摘要	总账科目	明细科目	借方金额	贷方金额	记账
附件　张	合计				

会计主管：　　记账：　　出纳：　　审核：　　制单：

图 1-23　记账凭证

【知识链接】

动力费用、职工薪酬费用的分配——按生产工时分配

$$费用分配率=\frac{各种产品生产工资总额（动力费总额）}{各种产品生产工时之和}$$

某种产品应分配的工资费用（动力费用）= 该种产品生产工时×费用分配率

任务三　人工费用的归集与分配

【实训内容】训练人工费用的正确归集和分配方法。

【实训目的】通过实训，学生应掌握人工费用会计处理的基本原理和一般程序，掌握人工费归集与分配的基本技能及主要方法。

【实训要求】

1. 根据“工资结算汇总表”计算分配生产工人工资费用，编制“工资费用分配表”（见表 1-11）。

2. 根据“工资费用分配表”编制记账凭证（见图 1-24）。

3. 填制“工会经费、职工教育经费计提表”（见表 1-12），并编制记账凭证（见图 1-25）。

【实训资料】

1. 2020 年 12 月东莞兴盛有限公司采用产品定额工时为标准对生产工人工资费用进行分配，本月甲产品完工 2 000 件，乙产品完工 4 000 件，单件产品工时定额：甲产品 4 小时，乙产品 1 小时。

2. 2020 年 12 月发生的经济业务及原始单据如表 1-10 所示：

表 1-10　工资费用结算汇总表

2020 年 12 月 30 日　　　　单位：元

车间、部门	基本工资	岗位工资	应发工资	代扣项目				实发工资
				养老保险金	住房公积金	个人所得税	合计	
基本生产车间工人工资	500 000	100 000	600 000	48 000	30 000	20 000	98 000	502 000
基本车间管理人员工资	45 000	5 000	50 000	4 000	2 500	1 600	8 100	41 900
锅炉车间工人工资	50 000	10 000	60 000	4 800	3 000	5 000	12 800	47 200
机修车间工人工资	40 000	10 000	50 000	4 000	2 500	4 000	10 500	39 500
行政管理人员工资	150 000	50 000	200 000	16 000	10 000	15 000	41 000	159 000
销售部门人员工资	100 000	40 000	140 000	11 200	7 000	8 940	27 140	112 860
合计	885 000	215 000	1 100 000	88 000	55 000	54 540	197 540	902 460

审核：　　　　会计：　　　　制单：

表 1-11　工资费用分配表

2020 年 12 月 30 日　　　　单位：元

借方科目		成本项目	直接计入	分配计入			合计
				定额工时	分配率	分配金额	
基本生产成本	甲产品	直接人工					
	乙产品	直接人工					
	共同耗用						—
辅助生产成本	锅炉车间	职工薪酬					
	机修车间	职工薪酬					
制造费用	基本车间	职工薪酬					
管理费用		职工薪酬					
销售费用		职工薪酬					
合计							

记账凭证

年　月　日　　　　字第　号

摘要	总账科目	明细科目	借方金额	贷方金额	记账
附件　　张	合计				

会计主管：　　记账：　　出纳：　　审核：　　制单：

图 1-24　记账凭证 1

表 1-12　工会经费、职工教育经费计提表

2020 年 12 月 30 日　　　　单位：元

借方科目		成本项目	应发工资	工会经费（2%）	职工教育经费（1.5%）	合计
基本生产成本	甲产品	直接人工				
	乙产品	直接人工				
辅助生产成本	锅炉车间	职工薪酬				
	机修车间	职工薪酬				
制造费用	基本车间	职工薪酬				
管理费用		职工薪酬				
销售费用		职工薪酬				
合计						

记账凭证

年　月　日　　　　　　　　　　　　　　　　　　字第　号

摘要	总账科目	明细科目	借方金额	贷方金额	记账
附件　　张	合计				

会计主管：　　　　记账：　　　　出纳：　　　　审核：　　　　制单：

图 1-25　记账凭证 2

任务四　折旧费用等的归集与分配

【实训内容】训练折旧费用及其他费用的正确归集和分配方法。

【实训目的】通过实训，学生应掌握折旧费用及其他费用会计处理的基本原理、主要方法、一般流程，掌握各种费用归集与分配的基本技能。

【实训要求】

1. 根据公司固定资产的资料（见表 1-13），计算本月应提折旧额，并编制记账凭证（见图 1-26）。

2. 根据公司预付账款明细表（见表 1-14），以本月固定资产原值为分配标准计算各部门摊销额（见表 1-15），并编制记账凭证（见图 1-27）（分配率保留四位小数，金额保留两位小数）。

3. 根据办公用品分配表（见图 1-28、表 1-16）编制记账凭证（见图 1-29）。

【实训资料】2020 年 12 月 31 日，东莞兴盛有限公司固定资产折旧采用分类折旧率，其他相关资料如下：

表 1-13　固定资产折旧计算表

2020 年 12 月 30 日　　　　单位：元

车间、部门	上月固定资产			上月增加		上月减少		本月固定资产	
	原值	月折旧率	折旧额	原值	折旧额	原值	折旧额	原值	折旧额
基本生产车间	500 000	1.5%		60 000					
锅炉车间	360 000	1.5%				100 000			
机修车间	300 000	1.5%							
行政管理部门	200 000	1.8%							
销售部门	100 000	1.6%		50 000		20 000			
合计									

审核：　　　　会计：　　　　制单：

记账凭证

年　月　日　　　　字第　号

摘要	总账科目	明细科目	借方金额	贷方金额	记账
附件　张	合 计				

会计主管：　　记账：　　出纳：　　审核：　　制单：

图 1-26　记账凭证 1

表 1-14　预付款项明细表

单位：元

项目	金额（元）	备注
第四季度财产保险费	6 525	按月平均摊销
合计	6 525	

表 1-15　财产保险费摊销表

2020 年 12 月 30 日　　单位：元

部　门		应计入的会计科目	本月固定资产原值	分配率	本月应摊销额
基本生产车间		制造费用			
辅助生产车间	锅炉车间	辅助生产成本			
	机修车间	辅助生产成本			
管理部门		管理费用			
销售部门		销售费用			
合计					

审　核：　　　会　计：　　　制　单：

记账凭证

年　月　日　　字第　号

摘要	总账科目	明细科目	借方金额	贷方金额	记账
附件　张	合 计				

会计主管：　　记账：　　出纳：　　审核：　　制单：

图 1-27　记账凭证 2

广东省广州市商品销售发票

发票联

顾客：东莞兴盛有限公司　　　　2020 年 12 月 28 日

货品名称及规格	件数	单位	数量	单价	超过十万元无效	金额						
						万	千	百	十	元	角	分
办公用品		件	200	25			5	0	0	0	0	0
合计人民币（大写）伍仟零百零拾零元零角零分					合计		5	0	0	0	0	0
提货地点及日期	年　月　日		提货人	年　月　日	备注							

现金付讫

广州市光明商场 发票专用章 税号：35929104012338

收款人：　　复核：　　开票人：李燕　　销货单位（章）：

图 1-28　原始凭证

表 1-16　办公用品费用分配表

2020 年 12 月 30 号

部门	金额（元）	签收
基本生产车间	1 800	略
机修车间	1 500	
供电车间	1 200	
管理部门	400	
销售部门	100	
合计	5 000	

制表：　　　　审核：

记账凭证

年　月　日　　　　字第　号

摘要	总账科目	明细科目	借方金额	贷方金额	记账
附件　　张	合 计				

会计主管：　　记账：　　出纳：　　审核：　　制单：

图 1-29　记账凭证 3

项目二

辅助生产费用的归集与分配

本项目实训内容为辅助生产费用的归集和分配。通过本项目的实训，学生应熟练掌握辅助生产明细账的登记，熟练运用辅助生产费用分配的直接分配法、交互分配法、按计划成本分配法；灵活地运用各种方法进行费用的分配，编制费用分配表；并对各费用的分配做出正确的账务处理，培养学生对辅助生产费用的归集和分配方法的理解和实际操作能力。

【实训内容】训练辅助生产费用的归集与分配方法。

【实训目的】通过实训，学生应掌握辅助生产费用会计处理的基本原理，掌握运用会计处理的基本流程进行费用的归集、分配与核算，灵活掌握和运用辅助生产费用归集、分配与会计核算的基本方法和基本技能。

【实训要求】

1. 根据东莞兴盛有限公司资料开设辅助生产成本明细账（见表2-1、表2-2）。

2. 根据项目一所编制的所有记账凭证登记辅助生产成本明细账（见表2-1、表2-2）。

3. 根据辅助生产明细账归集的费用采用直接分配法编制辅助生产分配表（见表2-4）、记账凭证（见图2-1），并登记辅助生产成本明细账（见表2-1、表2-2）（分配率保留四位小数，金额保留两位小数）。

4. 根据辅助生产明细账归集的费用采用交互分配法编制辅助生产分配表（见表2-5）、记账凭证（见图2-2、图2-3），此凭证不用编号，不用登记成本费用账（分配率保留四位小数，金额保留两位小数）。

5. 根据辅助生产明细账归集的费用采用按计划成本分配法编制辅助生产分配表（见表2-6）、记账凭证（见图2-4、图2-5），此凭证不用编号，不用登记成本费用账。锅炉车间计划单位成本为5.8元/m^3，机修车间计划单位成本为5元/小时。

【实训资料】沿用项目一的所有资料，东莞兴盛有限公司为一般纳税生产企业，开设一个基本生产车间生产甲、乙两种产品，开设锅炉和机修两个辅助生产车间。辅助车间没有开设“制造费用”账户。相关资料见表2-3所示：

表 2-1 辅助生产成本明细账

车间：

2020 年		凭证号	摘要	费用项目						借方合计	贷方转出
月	日										

表 2-2 辅助生产成本明细账

车间：

2020 年		凭证号	摘要	费用项目						借方合计	贷方转出
月	日										

表 2-3　辅助生产车间劳务数量

2020 年 12 月 30 日

受益单位		供气（立方）	机修（工时）
基本生产车间	甲产品	4 500	5 000
	乙产品	3 200	2 000
	一般耗用	2 985	6 000
辅助生产车间	锅炉车间		1 000
	机修车间	600	
行政管理部门		1 350	660
专设销售机构		1 100	1 000
合计		13 735	15 660

表 2-4　辅助生产费用分配表

（直接分配法）

项　目			锅炉车间	机修车间	合计
归集的辅助生产费用					
供应辅助生产车间以外的劳务量					
辅助生产费用分配率					
基本生产车间	甲产品	耗用数量			
		分配金额			
	乙产品	耗用数量			
		分配金额			
	一般耗用	耗用数量			
		分配金额			
行政管理部门		耗用数量			
		分配金额			
专设销售机构		耗用数量			
		分配金额			
合计					

记账凭证

2020 年 12 月 31 日　　　　字第　号

摘要	总账科目	明细科目	借方金额	贷方金额	记账
附件　　张	合 计				

会计主管：　　记账：　　出纳：　　审核：　　制单：

图 2-1　记账凭证 1

表 2-5　辅助生产费用分配表

（交互分配法）

项目			交互分配			对外分配		
辅助生产车间名称			锅炉	机修	合计	锅炉	机修	合计
归集的辅助生产费用								
供应劳务总量								
辅助生产费用分配率								
辅助生产车间	锅炉车间	耗用数量						
		分配金额						
	机修车间	耗用数量						
		分配金额						
基本生产车间	甲产品	耗用数量						
		分配金额						
	乙产品	耗用数量						
		分配金额						
	一般耗用	耗用数量						
		分配金额						
行政管理部门		耗用数量						
		分配金额						
专设销售机构		耗用数量						
		分配金额						
合计								

记账凭证

年　月　日　　　　字第 X 号

摘要	总账科目	明细科目	借方金额	贷方金额	记账
附件　张	合 计				

会计主管：　　记账：　　出纳：　　审核：　　制单：

图 2-2　记账凭证 2

记账凭证

年　月　日　　字第 X 号

摘要	总账科目	明细科目	借方金额	贷方金额	记账
附件　张	合 计				

会计主管：　记账：　出纳：　审核：　制单：

图 2-3　记账凭证 3

表 2-6　辅助生产费用分配表

（计划成本分配法）

项　目		锅炉车间		机修车间		合计
		数量（m^3）	金额	数量（小时）	金额	
待分配费用		—		—		
劳务供应量			—		—	
计划单位成本						
辅助生产车间	锅炉车间					
	机修车间					
基本生产车间	甲产品					
	乙产品					
	一般耗用					
管理部门						
销售部门						
按计划成本分配合计						
辅助生产实际成本		—		—		
辅助生产成本差异		—		—		

记账凭证

年　月　日　　　　字第 X 号

摘要	总账科目	明细科目	借方金额	贷方金额	记账
附件　　张	合 计				

会计主管：　　　记账：　　　出纳：　　　审核：　　　制单：

图 2-4　记账凭证 4

记账凭证

年　月　日　　　　字第 X 号

摘要	总账科目	明细科目	借方金额	贷方金额	记账
附件　　张	合 计				

会计主管：　　　记账：　　　出纳：　　　审核：　　　制单：

图 2-5　记账凭证 5

【知识链接】

知识点一　辅助生产费用的归集与分配（见图 2-6）

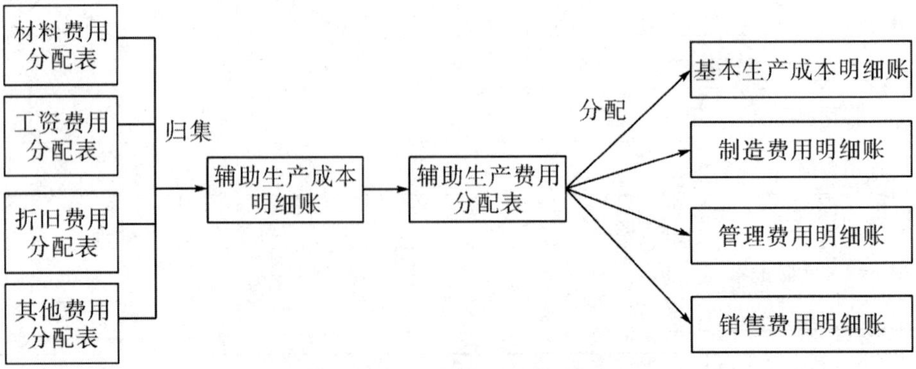

图 2-6　辅助生产费用归集与分配流程

知识点二　辅助生产费用的分配方法（见图 2-7）

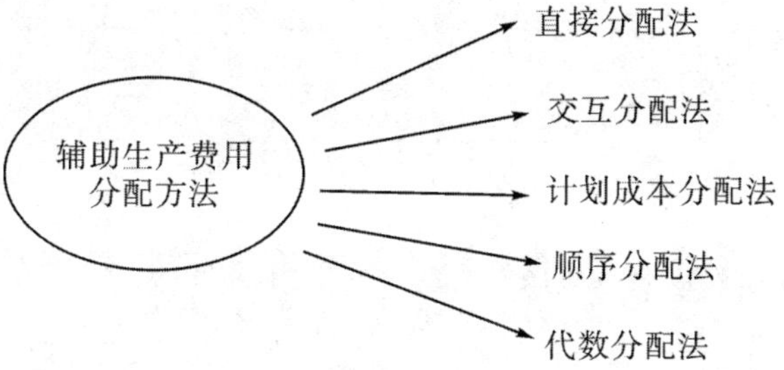

图 2-7　辅助生产费用分配方法

1. 直接分配法（见图 2-8）

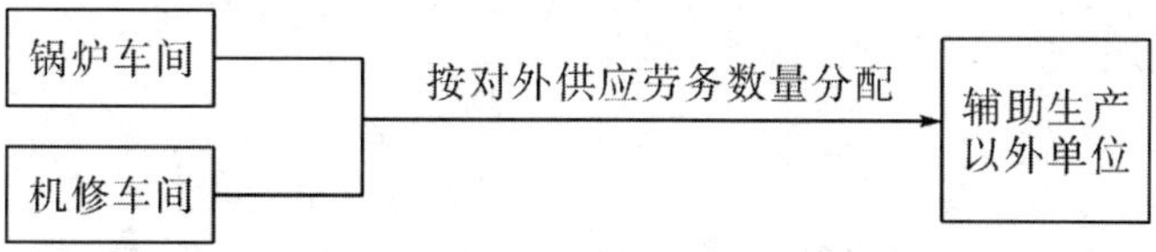

图 2-8　直接分配法流程

$$辅助生产费用分配率=\frac{待分配辅助生产费用}{对辅助车间以外的单位提供的劳务量}$$

各受益对象承担分配额=该部门劳务耗用量×辅助生产费用分配率

2. 交互分配法（见图 2-9）

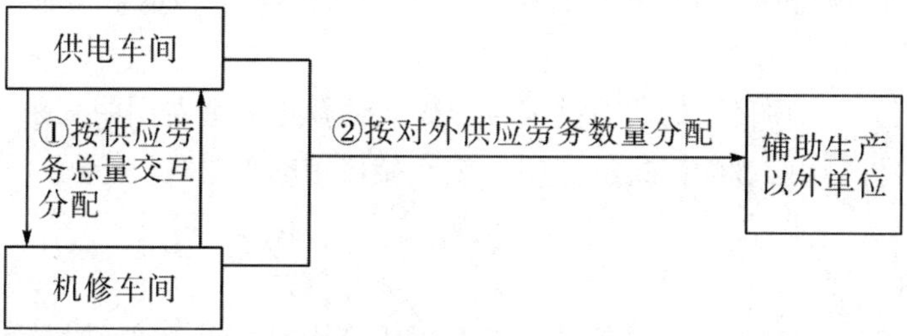

图 2-9　交互分配法流程

各辅助车间交互分配后的实际费用=该辅助车间分配前费用+其他辅助车间分配转入费用-分配转出给其他辅助车间费用

3. 按计划成本分配法

计划成本分配法的实际成本=辅助生产成本归集的费用+按计划分配率分配转入的费用

辅助生产成本差异=实际成本-按计划分配率分配转出的费用

若辅助生产成本差异>0，超支差异，转入管理费用借方；

若辅助生产成本差异<0，节约差异，可以用红字转出。

项目三

制造费用的归集与分配

本项目实训内容为制造费用的归集和分配。通过本项目的实训，学生应熟练掌握制造费用明细账的登记，熟练运用按生产工人工时分配法、年度计划制造费用分配率法等；灵活地运用各种方法进行制造费用的分配，编制费用分配表；并对各费用的分配做出正确的账务处理，培养学生对制造费用的归集和分配方法的理解和实际操作能力。

【实训内容】训练制造费用的归集与分配方法。

【实训目的】通过实训，学生应掌握运用成本核算的基本流程进行费用的归集、分配与核算，灵活掌握和运用制造费用归集、分配的基本方法和基本技能。

【实训要求一】

1. 根据项目一、项目二的所有已编号记账凭证登记制造费用明细账（见表 3-1）。

2. 根据制造费用明细账归集的费用，按产品耗用的工时进行分配（见表 3-2），编制制造费用分配表（见表 3-3），并编制记账凭证（见图 3-1）。

【实训资料一】

沿用项目一、项目二的所有资料，东莞兴盛有限公司为一般纳税生产企业，开设一个基本生产车间生产甲、乙两种产品，开设锅炉和机修两个辅助生产车间。辅助车间没有开设“制造费用”账户。相关明细账及费用表格如下：

表 3-1　制造费用明细账

车间：

2020年		凭证号	摘要	费用项目						借方合计	贷方转出
月	日										

表3-1(续)

2020 年		凭证号	摘要	费用项目						借方合计	贷方转出
月	日										

表 3-2 产品生产工时记录

产品名称	甲产品	乙产品	合 计
生产工时时数（小时）	6 000	4 000	10 000

表 3-3 制造费用分配表

2020 年 12 月 30 日　　单位：元

车间	产品名称	分配标准（生产工时）	分配率	分配金额
合计				

审核：　　会计：　　制单：

记账凭证

年　月　日　　字第　号

摘要	总账科目	明细科目	借方金额	贷方金额	记账
附件　张	合 计				

会计主管：　　记账：　　出纳：　　审核：　　制单：

图 3-1　记账凭证

【实训要求二】

1. 根据资料计算制造费用年度计划分配率（见表 3-5）。

2. 计算 12 月两种产品应负担的制造费用（见表 3-6），并编制记账凭证（见图 3-2）（凭证不用编号，不用登账）。

3. 分摊制造费用全年实际发生数与计划累计分配数的差额（见表 3-7）（分配率保留四位小数），并编制年末调整差额的会计分录（见图 3-3）（凭证不用编号，不用登账）。

【实训资料二】

1. 惠康企业第二车间属于季节性生产部门，2020 年全年制造费用计划为 200 000 元。

2. 年末该车间全年度制造费用实际发生额为 186 000 元，1 月~11 月按年度计划分配率累计已分配数为甲产品 112 800 元，乙产品 54 500 元。

3. 有关产量情况如表 3-4 所示：

表 3-4 产品产量情况表

产品名称	全年计划产量（件）	12 月份实际产量（件）	单件工时定额（小时）
甲产品	2 500	120	6
乙产品	1 000	150	5

表 3-5 全年计划制造费用分配表

2020 年 12 月　　金额单位：元

产品名称	全年计划产量	工时定额	总工时	分配率	分配额
合计					

会计主管：　　审核：　　制表

表 3-6 12 月份计划制造费用分配表

2020 年 12 月　　金额单位：元

产品名称	12 月实际产量	工时定额	总工时	分配率	分配额
合计					

会计主管：　　审核：　　制表：

记账凭证

年　月　日　　字第 X 号

摘要	总账科目	明细科目	借方金额	贷方金额	记账
附件　张	合 计				

会计主管：　　记账：　　出纳：　　审核：　　制单：

图 3-2 记账凭证 1

表 3-7　年度制造费用差异额分配表

2020 年 12 月　　　　　　　　金额单位：元

产品名称	计划分配额	实际发生额	差异额	差异额分配率	调整差异额
		—	—	—	
		—	—	—	
合计					

会计主管：　　　　　　审核：　　　　　　制表：

记账凭证

年　月　日　　　　　　字第 X 号

摘要	总账科目	明细科目	借方金额	贷方金额	记账
附件　张	合 计				

会计主管：　　　　记账：　　　　出纳：　　　　审核：　　　　制单：

图 3-3　记账凭证 2

【知识链接】

知识点一　制造费用的归集与分配（见图 3-4）

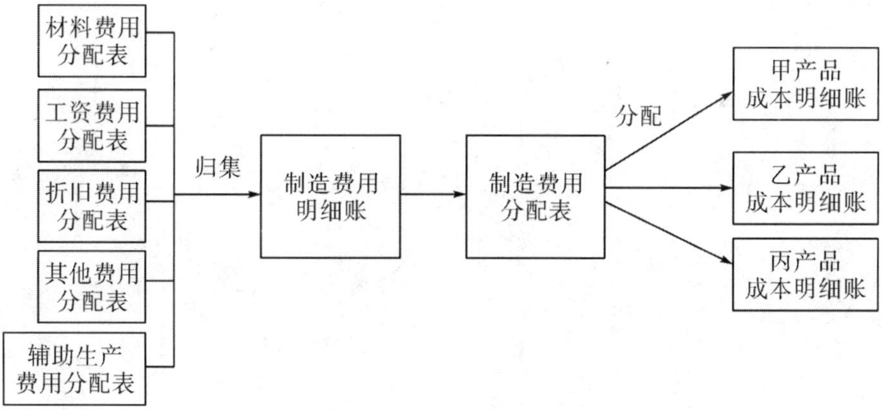

图 3-4　制造费用归集与分配流程

知识点二　制造费用的分配方法（见图 3-5）

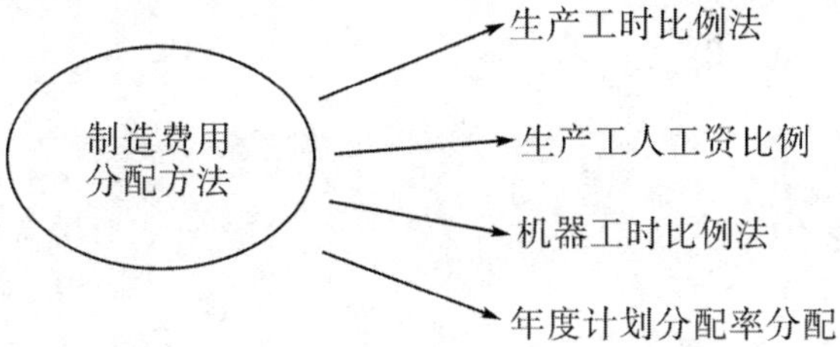

图 3-5　制造费用分配方法

年度计划分配率法

$$年度计划分配率=\frac{年度制造费用计划总数}{年度各产品计划产量的定额工时总数}$$

某月某种产品应负担的制造费用=该月该种产品实际产量的定额工时数×年度计划分配率

项目四

废品损失及停工损失的归集与分配

本项目实训内容为废品损失和停工损失的归集和分配。通过本项目的实训，学生应熟悉可修复废品和不可修复废品损失的计算，停工损失的计算；并根据计算结果做出正确的账务处理，培养学生对废品损失的归集的理解和实际操作能力。

【实训内容】训练废品损失及停工损失的归集与分配方法。

【实训目的】通过实训，学生应掌握运用会计处理的基本流程进行费用的归集、分配与核算，灵活掌握和运用废品损失及停工损失的归集、分配与会计核算的基本方法和基本技能。

【实训要求一】根据有关资料计算填列废品损失计算表（见表 4-2），并编制记账凭证（见图 4-1、图 4-2、图 4-3、图 4-4）（凭证不用编号，不用登账）。

【实训资料一】

深圳明达有限公司 2020 年 12 月有关甲产品发生废品损失资料如表 4-1 所示：

表 4-1　废品损失统计表

产品名称：甲产品　　2020 年 12 月 30 日　　投料方式：一次投入

单位：　元

项目	数量（件）	生产工时	直接材料	直接人工	制造费用	合计
本月生产费用	500	12 000	32 000	18 000	9 600	59 600
废品数量（不可修复）	20	300				
备注	废品残料回收价值 200 元，过失人赔偿 100 元					

表 4-2　废品损失计算表

2020 年 12 月 30 日

项目	数量/件	直接材料（元）	生产工时（小时）	直接人工（元）	制造费用（元）	合计
费用总额						
分配率						
废品成本						

表4-2(续)

项目	数量/件	直接材料（元）	生产工时（小时）	直接人工（元）	制造费用（元）	合计
残值						
赔偿						
废品损失						

记账凭证

年　月　日　　　　字第 X 号

摘要	总账科目	明细科目	借方金额	贷方金额	记账
附件　张	合计				

会计主管：　记账：　出纳：　审核：　制单：

图 4-1　记账凭证 1

记账凭证

年　月　日　　　　字第 X 号

摘要	总账科目	明细科目	借方金额	贷方金额	记账
附件　张	合计				

会计主管：　记账：　出纳：　审核：　制单：

图 4-2　记账凭证 2

记账凭证

年　月　日　　　　字第 X 号

摘要	总账科目	明细科目	借方金额	贷方金额	记账
附件　张	合计				

会计主管：　记账：　出纳：　审核：　制单：

图 4-3　记账凭证 3

记账凭证

年　月　日　　　　　　　　　　　　字第 X 号

摘要	总账科目	明细科目	借方金额	贷方金额	记账
附件　　张	合计				

会计主管：　　　　记账：　　　　出纳：　　　　审核：　　　　制单：

图 4-4　记账凭证 4

【实训要求二】根据有关资料计算填列停工损失计算表（见表 4-3），并编制记账凭证（见图 4-5、图 4-6、图 4-7）（凭证不用编号，不用登账）。

【实训资料二】

2020 年 12 月，深圳明达公司由于意外断电停工两天，正在生产的甲产品发生停工损失相关资料如表 4-3 所示：

表 4-3　停工损失计算表

2020 年 12 月 30 日　　　　　　　　　　　　单位：元

项目	合计	费用项目			净损失
		材料费	人工费	制造费用	
甲产品	5 000	1 500	1 000	2 500	
备注	由责任部门赔偿 500 元				

记账凭证

年　月　日　　　　　　　　　　　　字第 X 号

摘要	总账科目	明细科目	借方金额	贷方金额	记账
附件　　张	合计				

会计主管：　　　　记账：　　　　出纳：　　　　审核：　　　　制单：

图 4-5　记账凭证 1

记账凭证

年 月 日　　　　字第 X 号

摘要	总账科目	明细科目	借方金额	贷方金额	记账
附件　张	合计				

会计主管：　记账：　出纳：　审核：　制单：

图 4-6　记账凭证 2

记账凭证

年 月 日　　　　字第 X 号

摘要	总账科目	明细科目	借方金额	贷方金额	记账
附件　张	合计				

会计主管：　记账：　出纳：　审核：　制单：

图 4-7　记账凭证 3

【知识链接】

废品损失和停工损失的核算

不可修复废品损失=废品的实际生产成本-回收的残值-应收赔款

可修复废品损失=修复费用-回收的残值-应收赔款

停工损失=停工期间的原材料费用、人工费用和制造费用-赔款

项目五　生产费用在完工产品与月末在产品之间的分配

本项目实训重点为如何将生产费用在完工产品和在产品之间进行分配。通过本项目的实训，学生应了解在产品的概念、数量计算和清查的核算，并合理开设基本生产成本明细账，合理归集各生产费用，掌握生产费用在完工产品和在产品之间的各种分配方法。

任务一　在产品投料率和完工率的计算

【实训内容】训练在产品投料率和完工率的计算。

【实训目的】通过实训，学生应掌握分配加工费用时在产品投料率和完工率的计算。

【实训要求】据资料计算填列各工序的投料率、完工率和约当产量计算表（见表 5-2、表 5-3）。

【实训资料】

华星企业 2020 年 12 月生产的甲产品经过三道生产工序，原材料在每道工序开始时一次性投入，各工序单位产品工时定额及在产品数量如表 5-1 所示，各工序在产品在本工序的完工程度按平均 50%计算。

表 5-1　在产品数量及相关定额

2020 年 12 月

工序	消耗定额（千克）	工时定额（小时）	各工序在产品数量（件）
一	100	36	500
二	40	48	680
三	60	16	220
合计	200	100	1 400

表 5-2 各工序的投料率和约当产量计算表

2020 年 12 月

工序	消耗定额（千克）	投料率%	在产品数量（件）	约当产量（件）
一				
二				
三				
合计				

表 5-3 各工序的完工率和约当产量计算表

2020 年 12 月

工序	工时定额（小时）	完工率%	在产品数量（件）	约当产量（件）
一				
二				
三				
合计				

【知识链接】

（一）投料程度的确定

1. 原材料在生产开始时一次投入

在产品的投料程度为 100%

2. 原材料在生产过程中是陆续、均衡地投入

在产品投料程度的计算方法与加工程度的计算方法相同（参考加工程度的计算）

3. 原材料分次投入，并在各工序开始时一次投入

某道工序上的在产品投料程度＝到本工序为止的累计材料消耗定额/完工产品材料消耗定额

4. 原材料分次投入，并在每道工序陆续不均衡投入

某工序在产品投料程度＝（前几道工序的消耗定额+本道工序的消耗定额×本道工序的平均完工程度）/完工产品材料消耗定额

（二）加工程度的确定

1. 当生产进度比较均衡时

在产品加工程度按 50%平均计算

2. 当生产进度不均衡时

某道工序上的在产品加工程度＝（前面各道工序的累计工时定额+本道工序工时定额×50%）/完工产品工时定额×100%

任务二　约当产量比例法

【实训内容】训练运用约当产量法把生产费用在完工产品与月末在产品之间进行分配。

【实训目的】通过实训，学生应掌握约当产量法的基本原理和实用技能。

【实训要求】

1. 根据项目一东莞兴盛有限公司产品情况开设基本生产成本明细账（见表 5-5、表 5-6），并登记期初余额。

2. 根据项目一至项目三的已编号记账凭证登记基本生产成本明细账（见表 5-5、表 5-6）。

3. 根据基本生产成本明细账的资料，编制“产品成本计算单”（见表 5-7、表 5-8），按约当产量法计算月末完工产品的总成本和单位成本（分配率保留两位小数）。

4. 填列“产成品成本汇总表”（见表 5-9）和“产成品入库单”（见表 5-10），编制产成品入库的记账凭证（见图 5-1），并登记基本生产成本明细账（见表 5-5、表 5-6）。

【实训资料】

沿用项目一至项目三的案例资料，东莞兴盛有限公司 2020 年 12 月生产甲产品和乙产品，有关资料如下：

1. 甲产品本月完工 3 400 件，月末在产品 1 000 件，完工程度 60%，原材料在生产开始时一次投入。乙产品本月完工 4 000 件，月末在产品 1 600 件，完工程度 50%，原材料在生产开始时一次投入。

2. 甲、乙产品月初在产品成本见表 5-4：

表 5-4　月初在产品成本资料　　单位：元

产 品	直接材料	直接燃料及动力	直接人工	制造费用	合计
甲产品	62 000	9 040	66 000	9 790	146 830
乙产品	67 500	8 160	57 000	14 660	147 320

表 5-5　基本生产成本明细账

产品名称：甲产品　　完工产品数量：

单位：元　　月末在产品数量：

2020 年		凭证号	摘要	成本项目				合计
月	日			直接材料	直接燃料及动力	直接人工	制造费用	
12	01		期初余额					

表5-5(续)

2020 年		凭证号	摘要	成本项目				合计
月	日			直接材料	直接燃料及动力	直接人工	制造费用	

表 5-6 基本生产成本明细账

产品名称：乙产品　　　　完工产品数量：

单位：元　　　　月末在产品数量：

2020 年		凭证号	摘要	成本项目				合计
月	日			直接材料	直接燃料及动力	直接人工	制造费用	
12	01		期初余额					

表 5-7 产品成本计算单

车间：基本生产车间　　2020 年 12 月　　完工数量：　件　　在产品数量：　件

产品名称：甲产品　　投料方式：　　在产品完工程度：

摘要	直接材料	直接燃料及动力	直接人工	制造费用	合计
月初在产品成本					
本月生产费用					
合计					

表5-7（续）

摘要		直接材料	直接燃料及动力	直接人工	制造费用	合计
约当总产量（件）	完工产品数量					
	在产品约当产量					
	合计					
分配率						
完工产品成本						
月末在产品成本						

会计主管：　　　　　　　　　审核：　　　　　　　　　制表：

表 5-8　产品成本计算单

车间：基本生产车间　　　　　2020 年 12 月　　　　完工数量：　件　在产品数量：　件

产品名称：乙产品　　　　　　　投料方式：　　　　　　　　在产品完工程度：

摘要		直接材料	直接燃料及动力	直接人工	制造费用	合计
月初在产品成本						
本月生产费用						
合计						
约当总产量（件）	完工产品数量					
	在产品约当产量					
	合计					
分配率						
完工产品成本						
月末在产品成本						

会计主管：　　　　　　　　　审核：　　　　　　　　　制表：

表 5-9　产成品成本汇总表

2020 年 12 月　　　　　　　　　　　单位：元

成本项目	甲产品（　件）		乙产品（　件）	
	总成本	单位成本	总成本	单位成本
直接材料				
直接燃料及动力				
直接人工				
制造费用				
合计				

主管：　　　　　　　　审核：　　　　　　　　制表：

表 5-10 产成品入库单

缴库部门：基本车间　　　　　2020 年 12 月 31 日　　　　　编号：

编号	产品名称	规格	单位	数量	单价	金额	备注
合计							

主管：　　　　　记账：　　　　　验收：

记账凭证

年　月　日　　　　　字第　号

摘要	总账科目	明细科目	借方金额	贷方金额	记账
附件　张	合计				

会计主管：　　　记账：　　　出纳：　　　审核：　　　制单：

图 5-1　记账凭证

【知识链接】

知识点一　生产费用在完工产品与月末在产品之间的分配（见图 5-2）

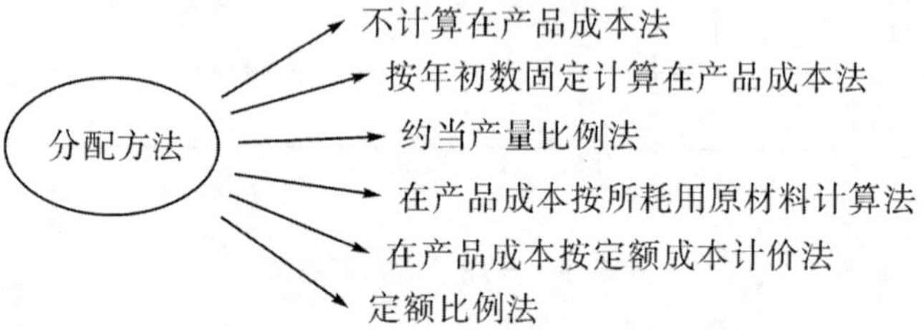

图 5-2　生产费用在完工产品与月末在产品间的分配方法示意

分配原理：月初在产品成本+本月发生的生产费用=本月完工产品成本+月末在产品成本

知识点二　约当产量法

在产品约当产量=在产品数量×完工程度

$$单位成本=\frac{月初在产品成本+本月发生的生产成本}{产成品产量+月末在产品约当产量}$$

产成品成本=单位成本×产成品数量

月末在产品成本=单位成本×月末在产品约当数量

任务三　定额比例法等

【实训内容】训练运用定额比例法、定额成本法、按年初固定数计算在产品成本法、在产品按所耗原材料计算法把生产费用在完工产品与月末在产品之间进行分配。

【实训目的】通过实训，学生应掌握定额比例法、定额成本法、按年初固定数计算在产品成本法、在产品按所耗原材料计算法的基本原理和实用技能。

【实训要求】

1. 根据昊新企业相关产品资料采用定额比例法在完工产品和在产品之间分配生产费用，直接材料按材料定额费用分配，直接人工和制造费用按定额工时分配（见表5-12）（分配率保留四位小数，金额保留两位小数）。

2. 根据昊新企业相关产品资料采用定额成本法在完工产品和在产品之间分配生产费用（见表5-13）。

3. 根据昊新企业相关产品资料采用按年初固定数计算在产品成本法在完工产品和在产品之间分配生产费用（见表5-14）。

4. 根据昊新企业相关产品资料采用在产品按所耗原材料计算法在完工产品和在产品之间分配生产费用（见表5-16），材料费用采用约当产量法分配。

【实训资料】

昊新企业2020年12月生产A产品，有关资料如下：

1. A产品本月完工120件，月末在产品40件，原材料在生产开始时一次投入，月末在产品完工程度60%。

2. A产品单位完工产品直接材料费用定额为500元，单位完工产品工时定额为5小时，人工费用为45元/小时，制造费用为10元/小时。

3. 月初在产品成本和本月生产费用资料见表5-11：

表5-11　月初在产品成本和本月生产费用　　单位：元

项 目	直接材料	直接人工	制造费用	合计
月初在产品成本	10 920	2 200	1 380	14 500
本月生产费用	85 080	30 200	5 820	121 100

（1）按完工产品和月末在产品的定额比例分配计算（生产费用资料见表5-11）。

表5-12　A产品成本计算单

（定额比例法）　　单位：元

摘要	直接材料	直接人工	制造费用	合计
月初在产品成本				
本月发生费用				
生产费用合计				

表5-12(续)

摘要		直接材料	直接人工	制造费用	合计
定额	完工产品定额				——
	月末在产品定额				——
	合计				——
分配率					
完工产品成本					
月末在产品成本					

会计主管：　　　　　　　　审核：　　　　　　　　制表：

（2）按在产品定额成本法分配计算（生产费用资料见表5-11）。

表5-13　A产品成本计算单

（定额成本法）　　　　　　　　单位：元

摘要	直接材料	直接人工	制造费用	合计
月初在产品成本				
本月生产费用				
合计				
完工产品成本				
月末在产品成本				

会计主管：　　　　　　　　审核：　　　　　　　　制表：

（3）按年初固定数计算在产品成本法（生产费用资料见表5-11）。

表5-14　A产品成本计算单

（按年初固定数计算法）　　　　　　　　单位：元

摘要	直接材料	直接人工	制造费用	合计
月初在产品成本				
本月生产费用				
合计				
完工产品成本				
月末在产品成本				

会计主管：　　　　　　　　审核：　　　　　　　　制表：

（4）在产品按所耗原材料计算法（材料费用采用约当产量法分配），月初在产品成本和本月生产费用资料见表5-15：

表 5-15 月初在产品成本和本月生产费用

单位：元

项　目	直接材料	直接人工	制造费用	合计
月初在产品成本	10 920	——	——	10 920
本月生产费用	85 080	30 200	5 820	121 100

表 5-16 A 产品成本计算单

（在产品按所耗原材料计算法）

单位：元

摘要	直接材料	直接人工	制造费用	合计
月初在产品成本		—	—	
本月生产费用				
合计				
约当总产量		—	—	—
分配率		—	—	—
完工产品成本				
月末在产品成本		—	—	

会计主管：　　　　审核：　　　　制表：

第二部分　综合实训

项目六 成本计算的品种法

本项目实训内容为成本计算方法的品种法。通过本项目的实训，学生应了解品种法的特点及适用范围，理解产品成本计算的基本原理，掌握品种法的一般程序和方法及其具体运用。通过品种法成本计算原理与实务相结合，培养学生对成本计算基本方法的理解和实际操作能力。

【实训内容】品种法的核算程序。

【实训目的】通过实训使学生理解并掌握品种法的核算程序；培养学生独立思考问题的能力，谨慎细心的工作作风。

【实训要求】

根据胜天电子厂2020年12月发生的相关成本资料和品种法的计算程序，计算分配各要素费用（1~5笔经济业务），编制记账凭证，并据以登记相关成本费用明细账，计算完工产品总成本和单位成本。

1. 根据企业资料开设基本生产成本明细账（表6-19、表6-20）、辅助生产成本明细账（表6-13、表6-14）、制造费用明细账（表6-17）。其中基本生产成本明细账开设“直接材料”“直接燃料及动力”“直接人工”“制造费用”四个成本项目。

2. 根据领料单填制“发出材料费用汇总表”（见表6-5）、“材料费用分配表”（见表6-6），并据以填制记账凭证（见图6-11），登记有关成本明细账。产品共同耗用的材料费按本月投入产品数量分配。

3. 根据工资费用结算汇总表（见6-7）填制“工资费用分配表”（见表6-8），并据以填制记账凭证（见图6-12），登记有关成本明细账。产品共同耗用的人工费按照产品实际生产工时分配。

4. 根据用电数量统计表（见表6-9）填制“动力费用分配表”（见表6-10），并据以填制记账凭证（见图6-13），登记有关成本明细账。产品共同耗用的动力费按照产品实际生产工时分配。

5. 根据“折旧费用分配表”（见表6-11）填制记账凭证（见图6-14），登记有关成本明细账。

6. 根据“其他费用分配表”（见表6-12）填制记账凭证（见图6-15），登记有关成本明细账。

7. 根据“辅助生产成本明细账”（见表6-13、表6-14）归集的辅助生产费用，以及辅助生产车间劳务量汇总表（见表6-15），采用交互分配表编制“辅助生产费用分配表”（见表6-16），并据以填制记账凭证（见图6-16、图6-17），登记有关成本明细账（分配率保留四位小数，金额保留两位小数）。

8. 根据制造费用明细账（见表6-17）归集的费用，按照各种产品耗用的实际工时，编制“制造费用分配表”（见表6-18），并据以填制记账凭证（见图6-18），登记有关成本明细账。

9. 根据基本生产成本明细账（见表6-19、表6-20）所归集的生产费用和有关产量记录等资料，计算期末在产品成本和完工产品成本，编制“产品成本计算单”（见表6-21、表6-22）（分配率、金额保留两位小数）。

10. 根据“产品成本计算单”（见表6-21、表6-22）编制“完工产品成本汇总表”（见表6-23），并编制记账凭证（见图6-19），登记有关明细账（见表6-19、表6-10），结转完工产品成本。

【实训资料】

1. 胜天电子厂是一家生产型工业企业。该企业主要生产甲、乙两种产品，采用品种法计算产品成本。

2. 公司设有一个基本生产车间，锅炉、机修两个辅助生产车间，为生产提供劳务，辅助生产车间的费用采用交互分配法，辅助生产车间所发生的制造费用记入“辅助生产成本”科目。制造费用的分配采用生产工时分配法。

3. 原材料均为生产开始时一次性投入，低值易耗品一次摊销。月末在产品完工程度按50%计算，完工产品成本与期末在产品成本的计算，甲产品采用约当产量法分配，乙产品采用定额比例法，其中材料费按材料定额消耗量分配，其他费用按定额工时分配。

4. 甲、乙产品共同耗用的材料费按本月投入产品数量分配，共同耗用的动力费、人工费按照实际生产工时分配。

5. 企业其他相关资料如下：

（1）该厂本月产量资料（见表6-1）：

表6-1　产量资料

2020年12月　　　　单位：件

产品名称	月初在产品	本月投入数量	本月完工产品	月末在产品数量	在产品完工程度
甲产品	300	900	1 000	200	50%
乙产品	100	1 100	800	400	50%

（2）该厂月初在产品成本（见表6-2）：

表 6-2　月初在产品成本

2020 年 12 月　　单位：元

产品名称	直接材料	燃料及动力	直接人工	制造费用	合计
甲产品	10 000	221	2 109	890	13 220
乙产品	9 200	380	1 938	1 135	12 653

（3）该厂本月甲、乙产品耗用的生产工时（见表 6-3）：

表 6-3　生产工时统计表

2020 年 12 月　　单位：小时

产品名称	甲产品	乙产品	合计
生产工时	6 500	3 500	10 000

（4）该厂乙产品相关定额资料（见表 6-4）：

表 6-4　定额资料

2020 年 12 月

产品名称	原材料消耗定额（千克）	工时定额（小时）
乙产品	50	20

（5）该厂本月发生生产费用见图 6-1、图 6-2、图 6-3、图 6-4、图 6-5、图 6-6、图 6-7、图 6-8、图 6-9、图 6-10 所示原始凭证及各种费用分配表：

领料单

领用单位：基本生产车间　　2020 年 12 月 8 日

发料仓库：1 号　　凭证编号：10001

材料编号	材料名称及规格	计量单位	数量		单价	金额	用途
			请领	实发			
001	主要材料	千克	4 000	4 000	10.00	40 000.00	生产甲产品用
备注						附单据　　张	

领料人：　　发料人：　　领料部门负责人：

图 6-1　原始凭证 1

领料单

领用单位：锅炉车间　　2020 年 12 月 8 日

发料仓库：2 号　　凭证编号：20001

材料编号	材料名称及规格	计量单位	数量		单价	金额	用途
			请领	实发			
002	辅助材料	千克	1 000	1 000	2.00	2 000.00	基本生产车间机器的检修
备注						附单据　　张	

领料人：　　发料人：　　领料部门负责人：

图 6-2　原始凭证 2

领料单

领用单位：基本生产车间　　　　2020 年 12 月 8 日

发料仓库：1 号　　　　凭证编号：10002

材料编号	材料名称及规格	计量单位	数量		单价	金额	用途
			请领	实发			
001	主要材料	千克	3 000	3 000	10.00	30 000.00	生产乙产品用
备注					附单据　张		

领料人：　　　　发料人：　　　　领料部门负责人：

图 6-3　原始凭证 3

领料单

领用单位：机修车间　　　　2020 年 12 月 8 日

发料仓库：2 号　　　　凭证编号：20002

材料编号	材料名称及规格	计量单位	数量		单价	金额	用途
			请领	实发			
002	辅助材料	千克	300	300	2.00	600.00	车间用
备注					附单据　张		

领料人：　　　　发料人：　　　　领料部门负责人：

图 6-4　原始凭证 4

领料单

领用单位：管理部门　　　　2020 年 12 月 8 日

发料仓库：2 号　　　　凭证编号：20003

材料编号	材料名称及规格	计量单位	数量		单价	金额	用途
			请领	实发			
002	辅助材料	个	400	400	2.00	800.00	管理部门机器的检修
备注					附单据　张		

领料人：　　　　发料人：　　　　领料部门负责人：

图 6-5　原始凭证 5

领料单

领用单位：机修车间　　　　2020 年 12 月 14 日

发料仓库：2 号　　　　凭证编号：20004

材料编号	材料名称及规格	计量单位	数量		单价	金额	用途
			请领	实发			
002	辅助材料	千克	200	200	2.00	400.00	车间用
备注					附单据　张		

领料人：　　　　发料人：　　　　领料部门负责人：

图 6-6　原始凭证 6

领料单

领用单位：基本生产车间　　　　2020 年 12 月 15 日

发料仓库：1 号　　　　凭证编号：10003

材料编号	材料名称及规格	计量单位	数量		单价	金额	用途
			请领	实发			
001	主要材料	千克	900	900	10.00	9 000.00	生产甲乙产品共同领用
备注					附单据　张		

领料人：　　　　发料人：　　　　领料部门负责人：

图 6-7　原始凭证 7

领料单

领用单位：基本生产车间　　　　2020 年 12 月 15 日

发料仓库：1 号　　　　凭证编号：10004

材料编号	材料名称及规格	计量单位	数量		单价	金额	用途
			请领	实发			
001	主要材料	千克	1 000	1 000	10.00	10 000.00	生产甲产品用
备注					附单据　张		

领料人：　　　　发料人：　　　　领料部门负责人：

图 6-8　原始凭证 8

领料单

领用单位：销售部门　　　　2020 年 12 月 16 日

发料仓库：2 号　　　　凭证编号：20005

材料编号	材料名称及规格	计量单位	数量		单价	金额	用途
			请领	实发			
002	辅助材料	千克	250	250	2.00	500.00	销售部门用
备注					附单据　张		

领料人：　　　　发料人：　　　　领料部门负责人

图 6-9　原始凭证 9

领料单

领用单位：基本生产车间　　　　2020 年 12 月 15 日

发料仓库：2 号　　　　凭证编号：20006

材料编号	材料名称及规格	计量单位	数量		单价	金额	用途
			请领	实发			
002	辅助材料	千克	2 500	2 500	2.00	5 000.00	基本车间一般耗用
备注					附单据　张		

领料人：　　　　发料人：　　　　领料部门负责人：

图 6-10　原始凭证 10

表 6-5　发出材料费用汇总表

2020 年 12 月　　　　单位：元

领用部门		材料类别		合计
		主要材料	辅助材料	
基本生产车间	甲产品			
	乙产品			
	产品共同耗用			
	车间一般耗用			
辅助生产车间	锅炉车间			
	机修车间			
管理部门				
销售部门				
合计				

会计主管：　　　　审核：　　　　制表：

表 6-6　材料费用分配表

2020 年 12 月 30 日　　　　单位：元

应借科目		成本费用项目	直接计入	分配计入			合计
				投产产量	分配率	分配金额	
基本生产成本	甲产品	直接材料					
	乙产品	直接材料					
	共同耗用						
辅助生产成本	锅炉车间	材料费					
	机修车间	材料费					
制造费用	基本车间	材料费					
管理费用		材料费					
销售费用		材料费					
合计							

计主管：　　　　审核：　　　　制表：

记账凭证

年　月　日　　　　字第　号

摘要	总账科目	明细科目	借方金额	贷方金额	记账
附件　张	合计				

会计主管：　　记账：　　出纳：　　审核：　　制单：

图 6-11　记账凭证 1

表 6-7　工资费用结算汇总表

2020 年 12 月 30 日　　　　单位：元

车间、部门	基本工资	岗位工资	应发工资	代扣项目				实发工资
				养老保险金	住房公积金	个人所得税	合计	
基本生产车间工人工资	24 000	20 000	44 000	3 520	2 200	1 320	7 040	36 960
基本车间管理人员工资	10 000	2 000	12 000	960	600	360	1 920	10 080
锅炉车间工人工资	6 000	2 000	8 000	640	400	240	1 280	6 720
机修车间工人工资	12 000	6 000	18 000	1 440	900	540	2 880	15 120
行政管理人员工资	15 000	5 000	20 000	1 600	1 000	600	3 200	16 800
销售部门人员工资	10 000	6 000	16 000	1 280	800	480	2 560	13 440
合计	77 000	41 000	118 000	9 440	5 900	3 540	18 880	99 120

审核：　　　　会计：　　　　制单：

表 6-8　工资费用分配表

2020 年 12 月 30 日　　　　单位：元

应借科目		成本费用项目	直接计入	分配计入			合计
				生产工时	分配率	分配金额	
基本生产成本	甲产品	直接人工					
	乙产品	直接人工					
	共同耗用						
辅助生产成本	锅炉车间	职工薪酬					
	机修车间	职工薪酬					
制造费用	基本车间	职工薪酬					
管理费用		职工薪酬					
销售费用		职工薪酬					
合计							

会计主管：　　　　审核：　　　　制表：

记账凭证

年　月　日　　　　字第　号

摘要	总账科目	明细科目	借方金额	贷方金额	记账
附件　　张	合计				

会计主管：　　记账：　　出纳：　　审核：　　制单：

图 6-12　记账凭证 2

表 6–9 用电数量统计表

2020 年 12 月 30 日 单位：元

用电部门		用电数量（度）	单价（元/度）	金额（元）
基本生产车间	生产产品耗用	50 000		
	车间一般耗用	9 000		
辅助生产车间	锅炉车间	6 000		
	机修车间	10 000		
管理部门		12 400		
销售部门		6 800		
合计		94 200		47 100

表 6–10 动力费用分配表

2020 年 12 月 30 日 单位：元

应借科目		成本费用项目	直接计入	分配计入			合计
				生产工时	分配率	分配金额	
基本生产成本	甲产品	燃料及动力					
	乙产品	燃料及动力					
	共同耗用						
辅助生产成本	锅炉车间	电费					
	机修车间	电费					
制造费用	基本车间	电费					
管理费用		电费					
销售费用		电费					
合计							

会计主管： 审核： 制表：

记账凭证

年 月 日 字第 号

摘要	总账科目	明细科目	借方金额	贷方金额	记账
附件 张	合计				

会计主管： 记账： 出纳： 审核： 制单：

图 6–13 记账凭证 3

表 6-11　折旧费用分配表

2020 年 12 月 30 日　　　　单位：元

分配对象	费用项目	基本生产车间	锅炉车间	机修车间	行政部门	销售部门	合计
制造费用	折旧费	12 000					12 000
辅助生产成本	折旧费		5 000	4 000			9 000
管理费用	折旧费				6 000		6 000
销售费用	折旧费					2 000	2 000
合计		12 000	5 000	4 000	6 000	2 000	29 000

记账凭证

年　月　日　　　　字第　号

摘要	总账科目	明细科目	借方金额	贷方金额	记账
附件　张	合计				

会计主管：　　记账：　　出纳：　　审核：　　制单：

图 6-14　记账凭证 4

表 6-12　其他费用分配表

2020 年 12 月 30 日　　　　单位：元

费用项目	基本生产车间	锅炉车间	修理车间	行政部门	销售部门	合计
财产保险费摊销	1 400	200	300	500	600	3 000
差旅费	500			600	800	1 900
办公费	200			800	280	1 280
合计	2 100	200	300	1 900	1 080	6 180
备注	财产保险费在 10 月份已预付，差旅费、办公费均以现金支付。					

记账凭证

年　月　日　　　　字第　号

摘要	总账科目	明细科目	借方金额	贷方金额	记账
附件　张	合计				

会计主管：　　记账：　　出纳：　　审核：　　制单：

图 6-15　记账凭证 5

表 6-13　辅助生产成本明细账

车间：　　　　　　　　　　　　　　　　　　　　　　　　　单位：元

2020 年		凭证号	摘要	费用项目						借方合计	贷方转出
月	日										

表 6-14　辅助生产成本明细账

车间：　　　　　　　　　　　　　　　　　　　　　　　　　单位：元

2020 年		凭证号	摘要	费用项目						借方合计	贷方转出
月	日										

表 6-15　辅助生产车间劳务量汇总表

2020 年 12 月

受益部门＼供应部门		锅炉车间（立方）	机修车间（小时）
基本生产车间	甲产品	10 000	1 600
	乙产品	8 000	2 000
	车间耗用	1 000	
辅助生产车间	锅炉车间		200
	机修车间	500	
行政管理部门		300	200
销售部门		200	
合计		20 000	4 000

表 6-16　辅助生产费用分配表

2020 年 12 月　　　　单位：元

辅助生产车间			对内分配			对外分配		
			锅炉车间	机修车间	合 计	锅炉车间	机修车间	合计
待分配的费用								
对外供应劳务数量								
分配率								
辅助生产车间	锅炉车间	耗用数量						
		分配金额						
	机修车间	耗用数量						
		分配金额						
基本生产车间	甲产品	耗用数量						
		分配金额						
	乙产品	耗用数量						
		分配金额						
	车间耗用	耗用数量						
		分配金额						
行政管理部门		耗用数量						
		分配金额						
销售部门		耗用数量						
		分配金额						
合计								

记账凭证

年 月 日 字第 号

摘要	总账科目	明细科目	借方金额	贷方金额	记账
附件 张	合计				

会计主管： 记账： 出纳： 审核： 制单：

图 6-16 记账凭证 6

记账凭证

年 月 日 字第 号

摘要	总账科目	明细科目	借方金额	贷方金额	记账
附件 张	合计				

会计主管： 记账： 出纳： 审核： 制单：

图 6-17 记账凭证 7

表 6-17 制造费用明细账

车间：基本生产车间 单位：元

2020 年		凭证号	摘要	费用项目						借方合计	贷方转出
月	日										

表 6-18　制造费用分配表

2020 年 12 月　　　　　　　　　　单位：元

分配对象	生产工时	分配率	应分配金额
甲产品			
乙产品			
合计			

记账凭证

年　月　日　　　　　　　　　　字第　号

摘要	总账科目	明细科目	借方金额	贷方金额	记账
附件　张	合计				

会计主管：　　　记账：　　　出纳：　　　审核：　　　制单：

图 6-18　记账凭证 8

表 6-19　基本生产成本明细账

产品名称：甲产品　　　　　　　　　　完工产品数量：

单位：元　　　　　　　　　　月末在产品数量：

2020 年		凭证号	摘要	成本项目				合计
月	日			直接材料	直接燃料及动力	直接人工	制造费用	
12	1		期初余额					

表 6-20　基本生产成本明细账

产品名称：乙产品　　　　完工产品数量：

单位：元　　　　月末在产品数量：

2020 年		凭证号	摘要	成本项目				合计
月	日			直接材料	直接燃料及动力	直接人工	制造费用	
12	1		期初余额					

表 6-21　产品成本计算单

车间：基本生产车间　　2020 年 12 月　　完工数量：　件　　在产品数量：　件

产品名称：甲产品　　投料方式：　　在产品完工程度：

项　目	数量（件）	成本项目				合计
		直接材料	直接燃料及动力	直接人工	制造费用	
月初在产品成本						
本月生产费用						
生产费用合计						
完工产品产量						
月末在产品约当产量						
约当总产量						
分配率						
完工产品总成本						
月末在产品成本						

表 6-22　产品成本计算单

车间：基本生产车间　　　　2020 年 12 月　　完工数量：　件　　在产品数量：　件

产品名称：乙产品　　　　投料方式：　　　　在产品完工程度：

项　目	数量（件）	成本项目				合计
		直接材料	直接燃料及动力	直接人工	制造费用	
月初在产品成本						
本月生产费用						
生产费用合计						
完工产品定额						
月末在产品定额						
定额合计						
分配率						
完工产品总成本						
月末在产品成本						

表 6-23　完工产品成本汇总表

2020 年 12 月　　　　单位：元

成本项目	甲产品（　件）		乙产品（　件）	
	总成本	单位成本	总成本	单位成本
直接材料				
直接燃料及动力				
直接人工				
制造费用				
合计				

记账凭证

年　月　日　　　　字第　号

摘要	总账科目	明细科目	借方金额	贷方金额	记账
附件　　张	合计				

会计主管：　　记账：　　出纳：　　审核：　　制单：

图 6-19　记账凭证 9

【知识链接】

品种法产品成本计算程序图（见图 6-20）

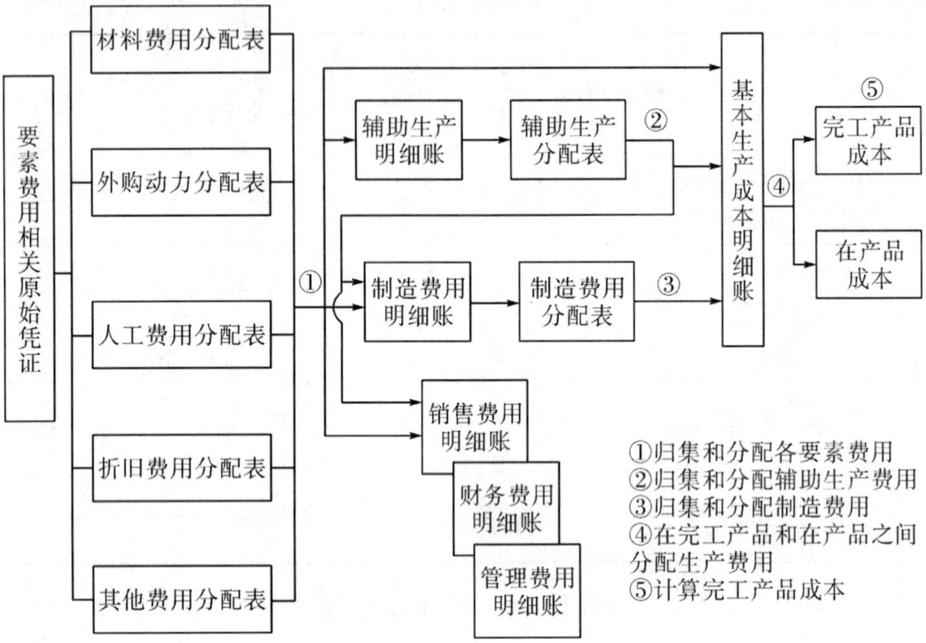

图 6-20　品种法产品成本计算程序

项目七 成本计算的分批法

本项目实训内容为成本计算方法的分批法。通过本项目的实训，学生应了解分批法的特点及适用范围，理解产品成本计算的基本原理，掌握分批法的一般程序和方法及其具体运用。通过分批法成本计算原理与实务相结合，培养学生对成本计算基本方法的理解和实际操作能力。

【实训内容】简化分批法的核算程序。

【实训目的】通过实训使学生理解并掌握简化分批法的核算程序；培养学生独立思考问题的能力，谨慎细心的工作作风。

【实训要求】

根据楚云服装厂2020年12月发生的相关成本费用资料，编制记账凭证，并据以登记产品成本二级账及各批产品明细账，计算出各批次完工产品的总成本及单位成本。

1. 根据“发出材料汇总表”（见表7-3）编制材料费用分配的记账凭证（见图7-1），并登记基本生产成本二级账及各批次产品明细账。

2. 根据“工资汇总表”（见表7-4）编制人工费用分配的记账凭证（见图7-2），并登记基本生产成本二级账。

3. 根据“制造费用分配表”（见表7-5）编制制造费用分配的记账凭证（见图7-3），并登记基本生产成本二级账。

4. 在基本生产成本二级账（见表7-6）中计算累计间接费用分配率。

5. 将累计间接费用分配率代入到有完工产品的批次计算完工产品的总成本和单位成本。

6. 根据所有批次的完工产品成本（见表7-7、表7-8、表7-9）填制“完工产品成本汇总表”（见表7-10），并汇总到基本生产成本二级账，结转完工产品成本，编制记账凭证（见图7-4）。

【实训资料】

1. 楚云服装厂是一家生产型工业企业。该企业主要生产各种服装，由于产品批别较多，月末经常有大量未完工的产品批数，为简化核算工作，采用简化分批法计算产品成本。本月共生产三个批次的产品，分别为801批次服装1、802批次服装2、803批次服装3。

2. 公司设有一个基本生产车间，制造费用采用生产工时分配法。一个辅助生产车间机修车间，为生产提供修理劳务，辅助车间所发生的制造费用记入“辅助生产成本”科目。本月各产品所耗用的生产工时统计表如表7-1所示：

表7-1　本月生产工时统计表

2020年12月　　单位：小时

产品名称	服装1（801批）	服装2（802批）	服装3（803批）	合计
生产工时	900	1 620	3 280	5 800
备注：1. 本月801批全部完工。 2. 本月802批有部分产品完工，完工产品累计耗用生产工时3 000小时。 3. 本月803批没有完工产品。				

3. 810批次、803批次的产品原材料在生产过程中陆续投入，802批次的产品原材料在生产开始时一次性投入，生产产品领用的包装物作为产品成本的组成部分。各产品批次有关资料如表7-2所示：

表7-2　产品批次明细表

2020年12月

批次	产品名称	批量（件）	投产日期	完工日期
801	服装1	10	10月8日	12月25日全部完工
802	服装2	20	11月4日	12月30日完工12件
803	服装3	8	12月10日	本月未完工

4. 为简化核算，该厂本月发生的除材料费、人工费以外的其他费用已分别计入制造费用明细账、辅助生产成本明细账和管理费用明细账，相关会计处理和明细账的登记从略。

材料费用、人工费用资料如下：

表7-3　发出材料汇总表

2020年12月30日　　单位：元

材料用途	原材料	包装物	合计
产品生产直接消耗：			
其中：801批服装1	4 000	1 000	5 000
803批服装3	9 700	3 300	13 000
基本生产车间一般耗用	2 750	1 250	4 000
机修车间消耗	3 900		3 900
合计	20 350	5 550	25 900

记账凭证

年 月 日 字第 号

摘要	总账科目	明细科目	借方金额	贷方金额	记账
附件 张	合计				

会计主管： 记账： 出纳： 审核： 制单：

图 7-1 记账凭证 1

表 7-4 工资汇总表

2020 年 12 月 30 日 单位：元

人员类别	工资
产品生产工人	28 000
基本生产车间管理人员	8 600
机修车间生产人员	7 500
厂部管理人员	12 000
合计	56 100

记账凭证

年 月 日 字第 号

摘要	总账科目	明细科目	借方金额	贷方金额	记账
附件 张	合计				

会计主管： 记账： 出纳： 审核： 制单：

图 7-2 记账凭证 2

表 7-5　制造费用分配表

2020 年 12 月 30 日　　单位：元

部　门	金额
基本生产车间	40 500
合计	40 500

记账凭证

年　月　日　　字第　号

摘要	总账科目	明细科目	借方金额	贷方金额	记账
附件　　张	合计				

会计主管：　　记账：　　出纳：　　审核：　　制单：

图 7-3　记账凭证 3

表 7-6　产品成本二级账

生产单位：基本生产车间　　单位：元

2020 年		凭证号	摘要	成本项目				合计
月	日			直接材料	生产工时（h）	直接人工	制造费用	
10	31	略	本月发生生产费用	70 000	600	13 000	10 000	
11	30	略	本月发生生产费用	49 000	6 100	21 500	37 000	
12	31		材料费用分配					
	31		工资费用分配					
	31		转入制造费用					
	31		本月累计费用					
	31		累计间接费用分配率					
	31		完工产品总成本					
	31		月末在产品成本					

表 7-7　产品成本明细账

产品批别：801　　批量：　件　　投产日期：

产品名称：服装 1　　本月完工：　件　　完工日期：　　单位：元

2020 年		凭证	摘要	成本项目				合计
月	日			直接材料	生产工时（h）	直接人工	制造费用	
10	31	略	本月发生	70 000	600			

表7-7(续)

2020年		凭证	摘要	成本项目				合计
月	日			直接材料	生产工时(h)	直接人工	制造费用	
11	30		本月发生	5 000	3 000			
12	31		本月发生					
	31		本月累计					
	31		累计间接费用分配率					
	31		完工产品总成本					
	31		完工产品单位成本					
	31		月末在产品成本					

表 7-8　产品成本明细账

产品批别：802　　批量：　件　　投产日期：

产品名称：服装 2　　本月完工：　件　　完工日期：　　单位：元

2020年		凭证	摘要	成本项目				合计
月	日			直接材料	生产工时(h)	直接人工	制造费用	
11	30		本月发生	44 000	3 100			
12	31		本月发生					
	31		本月累计					
	31		累计间接费用分配率					
	31		完工产品总成本					
	31		完工产品单位成本					
	31		月末在产品成本					

表 7-9　产品成本明细账

产品批别：803　　批量：　件　　投产日期：

产品名称：服装 3　　本月完工：　件　　完工日期：　　单位：元

2020年		凭证	摘要	成本项目				合计
月	日			直接材料	生产工时(h)	直接人工	制造费用	
12	31		本月发生					
	31		月末在产品成本					

表 7-10　完工产品成本汇总表

2020 年 12 月　　　　　　单位：元

批次	产品	产量（件）	完工产品成本				完工产品单位成本
			直接材料	直接人工	制造费用	合计	
801	服装 1						
802	服装 2						
合计							

记账凭证

年　月　日　　　　　　字第　号

摘要	总账科目	明细科目	借方金额	贷方金额	记账
附件　张	合计				

会计主管：　　记账：　　出纳：　　审核：　　制单：

图 7-4　记账凭证 4

【知识链接】

简化分批法的成本计算程序图（见图 7-5）

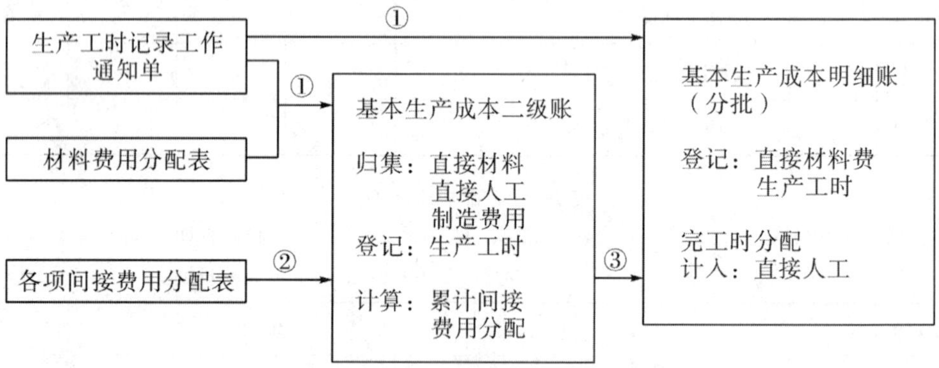

图 7-5　分批法成本计算程序

①本月发生的直接材料和生产工时，同时在基本生产成本二级账和按产品批别开设的基本生产成本明细账中平行登记。

②本月发生的各项间接费用，应根据费用分配表汇总只在“基本生产成本二级账”中汇总登记，不在“基本生产成本明细账”中登记。

③月末，当有完工产品时，按累计分配率分配间接计入费用，结转完工产品应分配的间接计入费用，对于未完工的在产品则不分配间接计入费用，其费用仍以总数额反映在“基本生产成本二级账”中。

项目八 成本计算的分步法

本项目实训内容为成本计算方法的分步法。通过本项目的实训，学生应了解分步法的特点及适用范围，理解产品成本计算的基本原理，掌握分步法的一般程序和方法及其具体运用。通过分步法成本计算原理与实务相结合，培养学生对成本计算基本方法的理解和实际操作能力。

任务一 逐步结转分步法

【实训内容】成本计算分步法下逐步结转方式的综合结转法的核算程序。

【实训目的】通过实训使学生理解并掌握分步法的核算程序；培养学生独立思考问题的能力，谨慎细心的工作作风。

【实训要求】

1. 根据飘香纺织厂 2020 年 12 月发生的相关成本费用资料，采用逐步结转分步法的综合结转方式进行费用的归集与分配，编制记账凭证，登记各基本生产成本明细账和自制半成品明细账，计算并结转各步骤半成品成本和完工产品成本（金额保留二位小数）。

2. 根据前述资料，按成本还原率法对产成品的成本进行还原，编制成本还原计算表（还原分配率保留四位小数，金额保留两位小数）。

【实训资料】

1. 飘香纺织厂是一家生产型工业企业，主要生产甲产品。公司设有三个基本生产车间，分三个生产步骤连续加工，其中，第一车间经过初加工生产出 A 半成品并验收入库；第二车间从半成品库领用 A 半成品继续加工，经过加工生产出 B 半成品并验收入库；第三车间从半成品库领用 B 半成品继续加工，生产出甲产品交成品库验收。

2. 基本生产车间的制造费用采用生产工时分配法。一个辅助生产车间（机修车间）为生产提供修理服务，辅助车间所发生的制造费用记入“辅助生产成本”科目。

3. 原材料为生产开始时一次投入。半成品成本采用全月一次加权平均法计算实际成本，三个车间的月末在产品成本均采用定额成本法计算（金额小数点保留二位小数）。

4. 2020 年 12 月相关资料如表 8-1、表 8-2、表 8-3、表 8-4 所示：

表 8-1　产量资料

2020 年 12 月　　单位：件

项目	一车间	二车间	三车间
月初在产品	250	150	100
投入（领用）数量	450	600	500
本月完工产品（半成品）	500	400	450
月末在产品	200	350	150

表 8-2　期初在产品成本资料

2020 年 12 月　　单位：元

车间	直接材料	半成品	直接人工	制造费用	合计
一车间	4 500	——	5 000	4 000	13 500
二车间	——	8 250	4 200	3 000	15 450
三车间	——	10 000	5 000	3 000	18 000

表 8-3　本月生产费用资料

2020 年 12 月　　单位：元

车间	直接材料	直接人工	制造费用	合计
一车间	9 200	11 600	8 400	29 200
二车间	—	22 900	18 700	41 600
三车间	—	35 600	28 900	64 500

表 8-4　月末在产品单位定额成本

2020 年 12 月　　单位：元

车间	直接材料	半成品	直接人工	制造费用	合计
一车间	18	—	20	16	54
二车间	—	55	28	20	103
三车间	—	100	50	30	180

（1）计算一车间A半成品成本，填制“基本生产成本明细账”（见表8-5）。

表8-5　基本生产成本明细账

车间：一车间　　　　产品名称：A半成品　　　　单位：元

2020年		凭证号	摘要	数量（件）	成本项目			合计
月	日				直接材料	直接人工	制造费用	
12	1	略	月初在产品成本					
	31		本月生产费用					
	31		生产费用合计					
	31		完工半成品成本					
	31		半成品单位成本					
	31		在产品单位定额成本					
	31		月末在产品定额成本					

编制一车间自制半成品入库记账凭证（见图8-1）：

记账凭证

年　月　日　　　　字第　号

摘要	总账科目	明细科目	借方金额	贷方金额	记账
附件　张	合计				

会计主管：　　记账：　　出纳：　　审核：　　制单：

图8-1　记账凭证1

（2）计算发出A半成品成本，填制“自制半成品明细账”（见表8-6）。

表8-6　自制半成品明细账

半成品名称：A半成品　　　　计量单位：件

2020年		凭证	摘要	收入			发出			结存		
月	日			数量	单价	金额	数量	单价	金额	数量	单价	金额
12	1	略	月初							220		13600
	31		入库									
	31		领用									

编制二车间领用自制半成品记账凭证（见图 8-2）：

记账凭证

年　月　日　　　　字第　号

摘要	总账科目	明细科目	借方金额	贷方金额	记账
附件　张	合计				

会计主管：　　记账：　　出纳：　　审核：　　制单：

图 8-2　记账凭证 2

（3）计算二车间 B 半成品成本，填制“基本生产成本明细账”（见表 8-7）。

表 8-7　基本生产成本明细账

车间：二车间　　产品名称：B 半成品　　单位：元

2020 年		凭证号	摘要	数量（件）	成本项目			合计
月	日				半成品	直接人工	制造费用	
12	1	略	月初在产品成本					
	31		本月生产费用					
	31		生产费用合计					
	31		完工半成品成本					
	31		半成品单位成本					
	31		在产品单位定额成本					
	31		月末在产品定额成本					

编制二车间自制半成品入库记账凭证（见图 8-3）：

记账凭证

年　月　日　　　　字第　号

摘要	总账科目	明细科目	借方金额	贷方金额	记账
附件　张	合计				

会计主管：　　记账：　　出纳：　　审核：　　制单：

图 8-3　记账凭证 3

（4）计算发出B半成品成本，填制“自制半成品明细账”（见表8-8）。

表8-8　自制半成品明细账

半成品名称：B半成品　　　　　　　　　　　　　　　　　　　　　　计量单位：件

2020年		凭证	摘要	收　入			发　出			结　存		
月	日			数量	单价	金额	数量	单价	金额	数量	单价	金额
12	1	略	月初							200		29640
	31		入库									
	31		领用									

编制三车间领用自制半成品记账凭证（见图8-4）：

记账凭证

年　月　日　　　　　　　　　　　　　　　　字第　号

摘要	总账科目	明细科目	借方金额	贷方金额	记账
附件　　张	合计				

会计主管：　　　　记账：　　　　出纳：　　　　审核：　　　　制单：

图8-4　记账凭证4

（5）计算完工产品甲产品成本，填制“基本生产成本明细账”（见表8-9）。

表8-9　基本生产成本明细账

车间：三车间　　　　　　　　　产品名称：甲产品　　　　　　　　　单位：元

2020年		凭证号	摘要	数量（件）	成本项目			合计
月	日				半成品	直接人工	制造费用	
12	1	略	月初在产品成本					
	31		本月生产费用					
	31		生产费用合计					
	31		完工产成品成本					
	31		产成品单位成本					
	31		在产品单位定额成本					
	31		月末在产品定额成本					

编制产成品入库记账凭证（见图 8-5）：

记账凭证

年　月　日　　　　字第　号

摘要	总账科目	明细科目	借方金额	贷方金额	记账
附件　张	合计				

会计主管：　　记账：　　出纳：　　审核：　　制单：

图 8-5　记账凭证 5

（6）对产成品成本进行还原，填制“成本还原计算表”（见表 8-10）。

表 8-10　成本还原计算表

产品名称：甲产品　　2020 年 12 月　　单位：元

产量：　件

项　目	还原分配率	成本项目				合计
		半成品	直接材料	直接人工	制造费用	
还原前产成品总成本	—					
第二步骤半成品成本	—					
第三步骤所耗半成品的成本进行还原						
第一步骤半成品成本	—					
第二步骤所耗半成品的成本进行还原						
还原后产成品总成本	—					
还原后产成品单位成本	—					

【知识链接】

成本计算方法的分步法（见图 8-6）

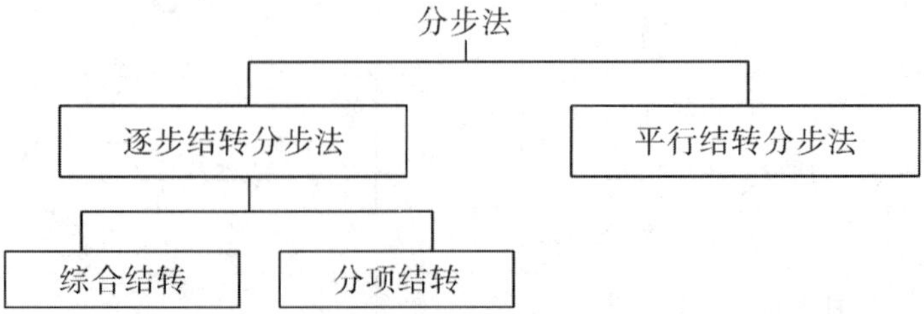

图 8-6　分步法分类

逐步结转分步法成本计算程度图（设自制半成品库）（见图 8-7）

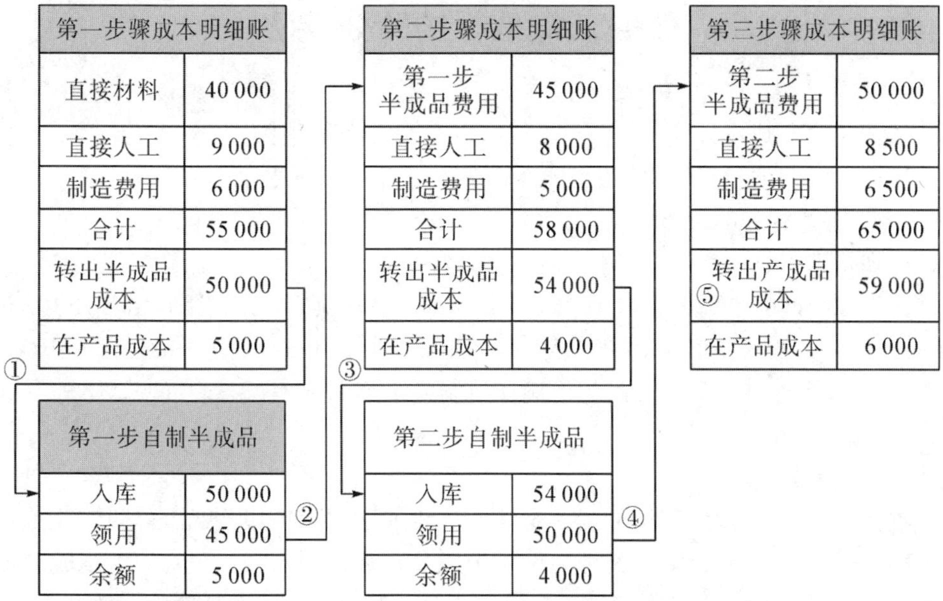

①计算第一步骤完工半成品成本，并入库；
②计算第二步骤领用半成品成本；
③计算第二步骤完工半成品成本，并入库；
④计处第三步骤领用半成品成本；
⑤计算第三步骤完工成品成本。
提示：各步骤的在产品为狭义的在产品。

图 8-7　逐步结转分步法成本计算程序

任务二　平行结转分步法

【实训内容】成本计算分步法下平行结转方式的核算程序。

【实训目的】通过实训使学生理解并掌握分步法的核算程序；培养学生独立思考问题的能力，谨慎细心的工作作风。

【实训要求】

根据常发机械厂2020年12月发生的相关成本费用资料，采用平行结转分步法进行费用的归集与分配，登记各基本生产成本明细账（见表8-14、表8-15，表8-16），计算并结转各步骤应计入完工产品的份额，填制完工产品成本汇总表（见表8-17），并编制记账凭证（见图8-8）。

【实训资料】

常发机械厂是一家生产型的工业企业。该企业主要生产甲产品，经过三个生产车间连续加工制成，其中，第一车间生产A半成品，直接转入第二车间加工制成B半成品，B半成品直接转入第三车间加工成甲产成品。假设一件甲产品耗用一件B半成品，一件B半成品耗用一件A半成品。原材料为生产开始时一次性投入，各步骤月末在产品的完工程度均为50%，各步骤生产费用采用约当产量比例法在产成品和广义在产品之间分配（分配率保留二位小数）。

2020年12月份有关产量和生产费用资料如表8-11、表8-12、表8-13所示：

表8-11　产量资料

2020年12月　　　　单位：件

项目	一车间	二车间	三车间
月初在产品数量	20	50	40
本月投入或移交数量	180	160	180
本月完工或移交数量	160	180	200
月末在产品数量	40	30	20
在产品完工程度	50%	50%	50%

表8-12　各车间期初在产品成本

2020年12月　　　　单位：元

车间	直接材料	直接人工	制造费用	合计
一车间	5 000	300	500	5 800
二车间	—	1 000	600	1 600
三车间	—	900	800	1 700

表 8-13　各车间本月生产费用资料

2020 年 12 月　　　　单位：元

车间	直接材料	直接人工	制造费用	合计
一车间	92 000	11 000	12 000	115 000
二车间	—	16 000	24 000	40 000
三车间	—	17 250	12 750	30 000

表 8-14　基本生产成本明细账

车间：一车间　　产品名称：A 半成品　　单位：元

2020 年		凭证号	摘要	成本项目			合计
月	日			直接材料	直接人工	制造费用	
12	1	略	月初在产品成本				
	31		本月生产费用				
	31		生产费用合计				
	31		最终完工产品产量				
	31		广义在产品约当产量				
	31		约当总产量				
	31		分配率				
	31		计入产成品的份额转出				
	31		月末在产品成本				

表 8-15　基本生产成本明细账

车间：二车间　　产品名称：B 半成品　　单位：元

2020 年		凭证号	摘要	成本项目			合计
月	日			直接材料	直接人工	制造费用	
12	1	略	月初在产品成本	—			
	31		本月生产费用	—			
	31		生产费用合计	—			
	31		最终完工产品产量	—			
	31		广义在产品约当产量	—			
	31		约当总产量	—			
	31		分配率	—			
	31		计入产成品的份额转出	—			
	31		月末在产品成本	—			

8-16 基本生产成本明细账

车间：三车间　　　　产品名称：甲产品　　　　单位：元

2020年		凭证号	摘要	成本项目			合计
月	日			直接材料	直接人工	制造费用	
12	1	略	月初在产品成本	—			
	31		本月生产费用	—			
	31		生产费用合计	—			
	31		最终完工产品产量	—			
	31		广义在产品约当产量	—			
	31		约当总产量	—			
	31		分配率	—			
	31		计入产成品的份额转出	—			
	31		月末在产品成本	—			

表 8-17 完工产品成本汇总表

产品名称：甲产品　　　　2020 年 12 月　　　　单位：元

项　目	完工产品成本			
	直接材料	直接人工	制造费用	合计
一车间计入产成品的份额				
二车间计入产成品的份额	—			
三车间计入产成品的份额	—			
总成本（　件）				
单位成本				

记账凭证

年　月　日　　　　字第　号

摘要	总账科目	明细科目	借方金额	贷方金额	记账
附件　　张	合计				

会计主管：　　　　记账：　　　　出纳：　　　　审核：　　　　制单：

图 8-8 记账凭证 1

【知识链接】

平行结转分步法成本计算程序图（见图 8-9）

第一步骤甲产品成本明细账			
项目	直接材料	加工费	合计
月初在产品成本	4 000	480	4 480
本月发生费用	7 200	1 680	8 880
①计入产成品份额	8 400	1 680	10 080
月末在产品成本	2 800	480	3 280

第二步骤甲产品成本明细账			
项目	直接材料	加工费	合计
月初在产品成本	—	320	320
本月发生费用	—	1 640	1 640
①计入产成品份额	—	1 680	1 680
月末在产品成本	—	280	280

第三步骤甲产品成本明细账			
项目	直接材料	加工费	合计
月初在产品成本	—	480	480
本月发生费用	—	2 160	2 160
①计入产成品份额	—	2 520	2 520
月末在产品成本	—	120	120

②

甲产品成本计算汇总表			
项目	直接材料	加工费	合计
第一步骤	8 400	1 680	10 080
第二步骤	—	1 680	1 640
第三步骤	—	2 520	1 680
产成品成本	8 400	5 880	14 280

①分别计算三个步骤各自应计入产成品的份额；
②将三个步骤各自应计入产成品的份额按成本项目进行汇总，计算产成品成本。
提示：各步骤的月末在产品为广义的在产品。

图 8-9　平行结转分步法成本计算程序

项目九 成本报表的编制

本项目的实训内容为成本报表的编制和分析。通过本项目的实训，学生应对成本报表的概念、特点以及设置成本报表等做进一步的了解，熟悉并掌握产品生产成本表、全部产品成本计划完成情况分析表、制造费用分析表的编制方法以及成本报表的分析方法。

【实训内容】成本报表的编制。

【实训目的】要求学生掌握成本报表的编制方法。

【实训要求】

1. 编制产品生产成本表（见表 9-10）（按产品品种类别编制）、产品生产成本表（见表 9-11）（按成本项目编制），根据 12 月份制造费用明细账，编制制造费用分析表（见表 9-12）。

2. 根据 2020 年度产品成本计划表和产品生产成本表（按产品品种类别编制），编制全部产品成本计划完成情况分析表（见表 9-13）（按产品类别分析）。

【实训资料】

（一）基本资料

天蓝有限责任公司有一个基本生产车间，供水和供电两个辅助生产车间，基本生产车间大量生产 A、B、C 三种产品，A、B、C 三种产品均属于单步骤生产，根据生产特点和管理要求，A、B、C 三种产品均采用品种法计算产品成本。该企业开设“基本生产成本”和“辅助生产成本”两个总分类账户，“基本生产成本”按照 A、B、C 三种产品设置成本计算单，“辅助生产成本”账户开设机修车间和供电车间明细账。“制造费用”账户核算基本生产车间发生的间接费用，本实训资料中供电和机修两个车间发生的间接费用直接计入“辅助生产成本”账户所属明细账，不通过制造费用账户核算。成本计算单下开设“直接材料”“直接人工”“制造费用”三个成本项目。

（二）12 月部分账表资料（见表 9-1、表 9-2、表 9-3、表 9-4、表 9-5、表 9-6、表 9-7）

表 9-1　1-11 月份产品成本汇总表　　单位：元

项目	合计	直接材料	直接人工	制造费用
月初在产品成本	156 600	66 420	58 340	31 840
累计发生	1 840 390	762 510	669 846	408 034
生产费用合计	1 996 990	828 930	728 186	439 874
期末在产品成本	28 900	13 000	6 500	9 400
完工转出产成品成本	1 968 090	815 930	721 686	430 474

表 9-2　1-11 月份制造费用汇总表　　单位：元

月份	合计	原材料	职工薪酬	折旧费	运输费	其他	电费	机修费
1-11	408 034	185 600	122 700	60 500	10 750	3 850	20 460	4 174

表 9-3　制造费用明细账

车间名称：基本生产车间

2020 年		凭证号数	摘要	费用项目							
月	日			原材料	职工薪酬	折旧费	运输费	办公费	水电费	机修费	合计
12	31		材料费	30 000							30 000
	31		工资		20 000						20 000
	31		折旧费			8 000					8 000
	31	（略）	运输费				2 000				2 000
	31		办公费用					1 000			1 000
	31		辅助生产分配转入费用						2 000	1 254	3 254
	31		本月合计	30 000	20 000	8 000	2 000	1 000	2 000	1 254	64 254
	31		转出制造费用	30 000	20 000	8 000	2 000	1 000	2 000	1 254	64 254

表 9-4　基本生产成本明细账

（产品成本计算单）

产品名称：A 产品　　产量：2000 件

2020 年		凭证号数	摘要	合 计	成本项目		
月	日				直接材料	直接人工	制造费用
12	1		月初在产品成本	9 300	4 800	1 500	3 000
	31		材料费用分配表	22 610	22 610		
	31	（略）	工资费用分配表	18 560		18 560	
	31		制造费用分配表	21 254			21 254
	31		生产费用合计	71 724	27 410	20 060	24 254
	31		结转完工产品成本	56 060	21 000	15 060	20 000
	31		月末在产品成本	15 664	6 410	5 000	4 254

表 9-5 基本生产成本明细账

（产品成本计算单）

产品名称：B 产品　　　　产量：2000 件

2020 年		凭证号数	摘要	合计	成本项目		
月	日				直接材料	直接人工	制造费用
12	1		月初在产品成本	9 800	4 200	2 400	3 200
	31		材料费用分配表	24 800	24 800		
	31	（略）	工资费用分配表	18 000		18 000	
	31		制造费用分配表	22 000			22 000
	31		生产费用合计	74 600	29 000	20 400	25 200
	31		结转完工产品成本	54 000	20 000	15 000	19 000
	31		月末在产品成本	20 600	9 000	5 400	6 200

表 9-6 基本生产成本明细账

（产品成本计算单）

产品名称：C 产品　　　　产量：1800 件

2020 年		凭证号数	摘要	合计	成本项目		
月	日				直接材料	直接人工	制造费用
12	1		月初在产品成本	9 800	4 000	2 600	3 200
	31		材料费用分配表	30 000	30 000		
	31	（略）	工资费用分配表	20 000		20 000	
	31		制造费用分配表	21 000			21 000
	31		生产费用合计	80 800	34 000	22 600	24 200
	31		结转完工产品成本	55 000	21 000	15 000	19 000
	31		月末在产品成本	25 800	13 000	7 600	5 200

表 9-7 12 月份完工产品成本汇总表

单位：元

	产量（件）	直接材料	直接人工	制造费用	总成本	单位成本
A 产品	2 000	21 000	15 060	20 000	56 060	28. 03
B 产品	2 000	20 000	15 000	19 000	54 000	27
C 产品	1 800	21 000	15 000	19 000	55 000	30. 55
合计	58 000	62 000	45 060	58 000	165 060	

（三）年终报表相关资料（见表 9-8、表 9-9）

表 9-8　产品成本计划表

编制单位：天蓝有限责任公司　　2020 年度　　单位：元

产品名称	计量单位	计划产量	单位成本		计划产量的总成本		成本降低任务	
			上年实际平均	本年计划	按上年实际单位成本计算	本年计划	成本降低额	成本降低率
可比产品					1 374 000	1 325 000	49 000	3. 57%
A 产品	件	25 000	30	29	750 000	725 000	25 000	3. 33%
B 产品	件	24 000	26	25	624 000	600 000	24 000	3. 84%
不可比产品								
C 产品	件	20 000		32		640 000		
合计						1 965 000		

表 9-9　产品生产成本表

编制单位：天蓝有限责任公司　　2020 年度　　单位：元

产品名称	计量单位	实际产量	单位成本			本年累计总成本		
		本年累计	上年实际平均单位成本	本年计划单位成本	本年累计实际平均单位成本	按上年实际平均单位成本计算	按本年计划单位成本计算	本年累计实际
可比产品						1 492 600	1 439 500	1 450 750
A 产品	件	28 000	30	29	29. 85	840 000	812 000	835 800
B 产品	件	25 100	26	25	24. 5	652 600	627 500	614 950
不可比产品								
C 产品	件	21 000		32	32. 5		672 000	682 500
合计							2 111 500	2 133 250

表 9-10　产品生产成本表（按产品品种类别编制）

编制单位：天蓝有限责任公司　　2020 年度　　单位：元

产品名称	实际产量（件）		单位成本				本月总成本			本年累计总成本		
	本月	本年累计	上年实际平均	本年计划	本月实际	本年累计实际平均	上年实际平均单位成本计算	按本年计划单位成本计算	本月实际	按上年实际平均单位成本计算	按本年计划单位成本计算	本年累计实际
	①	②	③	④	⑤	⑥	⑦=①×③	⑧=①×④	⑨=①×⑤	⑩=②×③	⑪=②×④	⑫=②×⑥

表9-10（续）

产品名称	实际产量（件）		单位成本				本月总成本			本年累计总成本		
	本月	本年累计	上年实际平均	本年计划	本月实际	本年累计实际平均	上年实际平均单位成本计算	按本年计划单位成本计算	本月实际	按上年实际平均单位成本计算	按本年计划单位成本计算	本年累计实际
	①	②	③	④	⑤	⑥	⑦=①×③	⑧=①×④	⑨=①×⑤	⑩=②×③	⑪=②×④	⑫=②×⑥

表 9-11　产品生产成本表（按成本项目编制）

编制单位：天蓝有限责任公司　　　　2020 年 12 月　　　　单位：元

项目	行次	上年实际	本月实际	本年累计实际
生产费用				
直接材料		1 052 500		
直接人工		573 300		
制造费用		480 000		
生产费用合计		2 105 800		
加：在产品、自制半成品期初余额		156 600		
减：在产品、自制半成品期末余额		162 800		
产品生产成本合计		2 099 600		
其中：直接材料		1 368 000		
直接人工		409 600		
制造费用		322 000		

表 9-12　制造费用分析表

编制单位：天蓝有限责任公司　　　　2020 年 12 月　　　　单位：元

费用项目	上年实际	本年计划	本月实际	本年累计实际
原材料	208 000	198 000		
职工薪酬	150 000	142 500		
折旧费	70 000	68 000		
运输费	13 800	12 680		
办公费	5 000	4 800		
水电费	28 000	22 500		
机修费	5 200	5 600		
其 他				
合计	480 000	454 080		

表 9-13　全部产品成本计划完成情况分析表（按产品类别分析）

编制单位：天蓝有限责任公司　　　　2020 年 12 月　　　　单位：元

<table>
<tr><th rowspan="2">产品名称</th><th rowspan="2">计量单位</th><th rowspan="2">实际产量</th><th colspan="3">单位成本</th><th colspan="3">实际产量的总成本</th><th colspan="2">与计划成本比较</th></tr>
<tr><th>上年实际平均</th><th>本年计划</th><th>本年实际平均</th><th>按上年实际平均单位成本计算</th><th>按本年计划单位成本计算</th><th>本年实际</th><th>成本降低额</th><th>成本降低率（%）</th></tr>
<tr><td>可比产品</td><td></td><td></td><td></td><td></td><td></td><td></td><td></td><td></td><td></td><td></td></tr>
<tr><td>A 产品</td><td>件</td><td></td><td></td><td></td><td></td><td></td><td></td><td></td><td></td><td></td></tr>
<tr><td>B 产品</td><td>件</td><td></td><td></td><td></td><td></td><td></td><td></td><td></td><td></td><td></td></tr>
<tr><td>不可比产品</td><td></td><td></td><td></td><td></td><td></td><td></td><td></td><td></td><td></td><td></td></tr>
<tr><td>C 产品</td><td>件</td><td></td><td></td><td></td><td></td><td></td><td></td><td></td><td></td><td></td></tr>
<tr><td>合计</td><td></td><td></td><td></td><td></td><td></td><td></td><td></td><td></td><td></td><td></td></tr>
</table>